こどもをはぐくむ　まぁるい声

マザーボイス

田所雅子

みらい PUBLISHING

はじめに

「うちのお母さんはね、嘘つきなんだよ」

小学一年生の男の子が言いました。

「え、嘘つき?」

「うん、嘘つきなんだよね」

これは、私が運営するプレーパーク(冒険遊び場)にいつもやってくる子の言葉です。

私は、この男の子のお母さんのことをよく知っていました。嘘をつくような人には見えません。とても真面目な人です。でも、その子は何度も繰り返しこう言うのです。

「嘘つきなんだよね」

お母さんが嘘をついているような気がしてならない何かが男の子にはあ

るのかもしれない……。

それから、私はそのお母さんをよく観察するようにしました。

しばらく観察してみると、この子のお母さんの声が何か取り繕ったような声であるということに気が付きました。何というか、誰にでもいい顔をして、ニコニコしているけれど、それはがんばってそう作っている感じ。心からそう思って話しているのか、疑問になるくらい、人に気を遣っているよそゆきの声。

そのとき、何かを取り繕ったようなよそゆきの声は、こどもには嘘に聞こえるのだと確信しました。加えて、こどもはこんなにもお母さんの声に敏感なのだ、と改めて驚いたのです。

この話から20数年たった今、私はこどもたちとかかわることはもちろん、お母さんたちに子育てのアドバイスをする存在になりました。そしてお母さんたちへのアドバイスを体系立てて子育てメソッドとして提供するにあたり、この出来事を思い出したのです。

お母さんの声がこどもに大きな影響があるということは、その後も様々な出来事から痛感しています。

「○○ちゃ〜ん、ねんねしようね」や「かわいいね〜〜」など、お母さんが赤ちゃんに語りかけるときの自然に出てしまう高いトーンのゆったりとした抑揚のある声を「マザリーズ」と言います。マザリーズは、主にわらべうたや子守唄を歌う時に使われ、赤ちゃんはこの声によって安心し、成長します。赤ちゃんの情感を豊かにしたり、言葉の発達や習得を促したり、親子の絆が深まる赤ちゃんのための魔法の声ですが、こどもが小学生になっているのにマザリーズのような高いトーンで話し続けると、こどもは幼稚なまま、心の成長が遅れてしまうということに気が付きました。こどもの成長に従って声の調子を普通の声に戻さなくてはなりません。マザリーズは赤ちゃんを育てるための特別な声の使い方なのです。普通はこどもが赤ちゃんから幼児に成長するに従い、マザリーズは使われなくなり自然に低いトーンの普通の声に戻るのですが、世の中の日本人女性の声が高

くなってきたことに伴い、一定数の方がもとに戻せないままになっている
ようなのです。

マザリーズではなくとも、お母さんの声は深い愛情を伝え、こどもの心の奥深くにいつまでも残ります。

これは、本文の中でお伝えしますが、私には声にまつわる奇跡のような出来事がいくつも起きました。

また、私は30年以上、こどもたちに昔話などのおはなしを語り、本を手渡す文庫活動をしてきたストーリーテラーでもあり、声一つで聞き手を物語の世界にいざなってきました。そこで、声についての学びと研究を深めるため、ボイストレーニングに通ううち、講師になることを進められ、ボイストレーナーとして声の悩みを解決する仕事についたのです。

そして2015年より、声の研究でわかったことを子育てメソッドの中に取り入れて、子育てに悩むお母さんに特化したボイストレーニングを提

供し、子育ての悩みを「声」で解決できるようになりました。それが、私が設立した「一般社団法人マザーボイスアカデミー協会」の子育てメソッドマスター講座です。

お母さんの声が変わるとこどもが変わる！
お母さんが声を磨くと子育てが上手になる！
お母さんの声が届くと才能が目覚める！

こうお伝えしても、ほとんどの方は「声なんかで子育てがうまくいくようになるのだろうか」と疑問に思われるようです。ただ、それでも「声」で悩みが解決するなら、と「声」に惹かれたお母さんたちが私のもとにやって来るようになりました。

そして、マザーボイス子育てメソッドを体系立ててから5年で500人以上のお母さんたちと出会い、声の力をお伝えすることで子育ての悩みを解決してきたのです。

お母さんの声を磨くことで、子育ての悩みが解決します。お母さんの声には、こどもの心を一生支えるだけの大きな大きな力があります。

実は、私は幼いころ、心が傷ついて声を失った経験があります。その経験から、声が心身とつながっていることを体感として知っています。お母さんの声の力を存分に知っている私だからこそ、子育てと心に直結する声の力をお伝えすることができるのではないか。本書は、そんな思いから誕生しました。

田所雅子

第1章　なぜ、9割の子育てがうまくいかないのか

第2章　私って母親失格!?　かわいいのにイライラするのはなぜ？

第5章　まぁるい声が、子育ての悩みをすべて解決する！

第6章　マザーボイスで子育ての悩みがすべて解消したお母さんたち

第1章

なぜ、9割の子育てがうまくいかないのか

◎子育て中のお母さんに共通する悩み

2015年にお母さんたちの子育てに関する個別の相談会をスタートさせて、早5年が過ぎました。これまで500人以上のお母さんたちの子育ての相談に乗ってきて、私はある共通点を見つけました。

それは**「人が人を育てるときに、何万年も前から変わらず大切にされてきた〝あること〟を今の人たちは忘れてしまっている」**ということです。

子育ては、どんなに時代が変わっても、人が人として暮らす中で工夫したり、考えたり、実践したりして、その中で生まれた良い結果を母が子に、子が次の子に……と伝承してきたものです。

例えば、あなたがお母さんから、あるいはおばあちゃんから伝えられてきたことがあると思います。それは同時に、お母さんやおばあちゃんがさらにそのお母さんから伝えられてきたこと。わらべうたや子守唄もそうやって伝えられてきました。それが、現代では忘れられつつあります。**子育てがうまくいかない問題は、伝承が途絶え、忘**

れられてしまっていることにも一因しているのです。

もちろん、お母さんの中には、子育てに一生懸命で、勉強したり、本を読んだり、勉強会に行ったり、いろいろと情報を収集する方も少なくないでしょう。

しかし、私が実施している個別相談会では、子育てに一生懸命なお母さん方から次のような声が聞かれます。

「子育ての本をたくさん読んで勉強したので、頭ではよくわかっているのですがうまくいきません」

「こどもが私の言うことをまったく聞いてくれません」

「反抗期なのか、こどもが反抗ばかりします」

「怒らない子育てがしたいのに、怒ってばかり。自分に自信をなくしています」

多くのお母さんたちが、このような悩みを抱えていますが、細かく丁寧にお話を聞いてみると、少しずつ悩みの質は違っています。

でも共通しているのは、冒頭に述べた**「根本的に大事なことが抜け落ちたまま子育てをしている」**ということ。

ですから、そのことをお話するとすっきりさわやかな表情になり、悩みの8割は解決したわ、と笑顔で帰られるお母さんがほとんどです。

子育てとは「人育て」です。人はみんな様々な性格を持っていて、育つ環境も違います。ですから、ハウツーを学んでも必ずしもぴったり当てはまるものではありませんし、思うようにいかないのは当然なのです。

では、具体的に「伝承で抜け落ちてしまっている根本のこと」とは一体なんでしょう?

ひとつずつ紐解いてみたいと思います。

◎ 本来、子育ては「お母さん一人でするもの」ではなかった

現在は「ワンオペ育児」などという言葉があるように、子育てのすべてをお母さん一人で背負い込んでしまっているのが一般的です。

核家族化や地域のコミュニティ、昔ながらの隣近所の関わりが失われたことで、お

母さんたちは子育てをする際、〝頼る先〟を失ってしまっているのです。

今のお母さんたちは、まわりも同じような状況だし、当たり前のことと思っているかもしれません。ですが実は、これは本当に大変なことなのです。

なぜなら、たくさんの人の間で知恵として伝承されてきた「子育ての考え方」をまったく知らないまま、あるいは、誰からも手を貸してもらわないまま子育てをするということは、**舵のとり方も知らない船長が、地図（羅針盤）も持たずに船に乗るようなもの**ですから。

このままでは、間違いなく、大海原でどこに向かおうとしているのかわからなくなり、迷った挙げ句、何らかのトラブルで沈没！　という未来が予想できます。

本来、人間は一人ぼっちで生きるのではなく、集団の中で暮らしていく社会性を持つ生き物です。

これまでの子育ても、当然集団の中で暮らし、みんなで力を合わせてきました。地域ごとにそこに伝わる子育ての考え方ややり方があり、地域住民がみんなで知恵を絞り、伝承してきたのです。

船の例で言えば、船長がいて、機関長がいて、航海士がいて、機関士がいて……みんなで船を動かしてきたのです。

子育てで必要なのは、信頼できる地図（羅針盤）を一つ持ち、舵取りを学び、そしてたくさんの船員さんの手を借りることです。それは、あなたの船（子育て）が迷った挙げ句、沈没してしまわないためです。

子育ては人に頼っていいのです。いえ、頼らなければいけません。

核家族化や地域コミュニティの喪失により、これまで当たり前にされてきたこれらの方法。この方法が失われているのが「現代の子育て」なのです。

なぜ、インターネットに頼る子育てはうまくいかないのか？

現代はモノや情報があふれ、インターネットで検索すればさまざまな情報が得られます。幼いころからインターネット環境が整っていた時代に育った現代のお母さん方の中には、わからないことがあったらすぐにネットで検索、という方も多いでしょう。

ただ、多くの情報を扱うには、それを選び取る力（メディア・リテラシーと言います）が必要になってきます。

なぜなら、情報の中でも特にネットメディアは、真偽が定かではない情報が配信されていることも多く、間違った子育ての情報を受け取ってしまうと、その情報がワンオペ育児をしているお母さんたちの間でシェアされ、誤った情報を鵜呑みにし、結果、情報に振り回されてしまうことがあるからです。

私が耳にしたお母さんたちの会話に、こんなやり取りがありました。

「こどもが言うことを聞かないときはできるだけ怒らないで、どんなに腹が立ってもぐっと我慢して、『大好きだよ！』って言って抱きしめてあげるといいよ」

「私もこどもが泣いてイライラしていたけれど、我慢して抱きしめ続けたら泣き喚《わめ》いていたのがなんとか収まった」

いかがでしょう？　別に間違っていないと思われますか？

たくさんのこどもの育ちを見守ってきた私からすれば、この会話は怒らない子育てがしたいお母さんたちの間でまかり通っているだけで、実際は間違っています。

怒りやイライラの気持ちをそのままにしてこどもを抱きしめると、こどもは体で母の怒りやイライラを感じ取り、混乱します。

先ほどの会話で言えば、こどもの心の中では「なんで怒っているのに抱きしめるの？わけわかんない～」と、なっているのです。

さらに、イライラを我慢して「大好き」などと言っても、イライラや怒りはそのままこどもに伝わってしまいます。なぜなら、**声には感情が乗り、脳に伝わるときには言葉より声が先に伝わるためです。**この例で言えば、**愛が伝わるのではなく、イライラや怒りがそのままこどもに伝わる**のです。

怒っている声で「大好き」なんて言われても、こどもはどうしたらいいのかわかりません。それなのにお母さんが気持ちを押し殺したまま接すると、こどもは「お母さんは嘘つきだ」と認識するようになってしまいます。

親子の信頼関係がいつまでも構築されず、こどもとの関係は悪化の一途。お母さんは一生懸命がんばっているのに空回りすることになってしまうのです。

◎

私たちは人間である前に「動物」です

私たちは、人間です……。当たり前ですね（笑）。

ですが、人間であると同時に、私たちはホモ・サピエンスという動物でもあるのです。ちなみにホモ・サピエンスとは「知恵を持った猿」という意味です。

現代は、ものすごいスピードで文明が発達しています。便利な暮らしができるように、豊かな暮らしができるように。人間の社会は、必然的に野生の生き物としての暮らしからどんどん遠ざかっています。

でも、私たちは人間であると同時に動物です。そしてこどもは、私たち大人に比べるとまだまだ野生なのです。そのことを忘れないでください。

こどもは、動物の状態から少しずつ大人（人間）と暮らすことで、人間らしさを身につけていくのです。

では、子育てとは、この野性的な動物である「こども」を、人間の社会で生きていけるようにすることなのでしょうか？

恐らく、答えは「違う」ですよね。子育ては、動物の調教などではないはずです。にもかかわらず、多くのお母さんがそこを間違えて、「こうさせよう」「こうしなければいけない」「きちんとしつけなければいけない」となって、叱り飛ばしたり怒鳴ったり、まるで動物を鞭《むち》で躾《しつ》けるようなことをしてしまいます。あるいは、「いい子だったら何かをあげよう」「何かができたら褒美を与えてあげる」など、まるで馬に人参を与えるようなことを、平然としてしまうのです。

排泄を例にとってみます。

赤ちゃんにオムツをするのは当たり前ですか？　トイレットトレーニングは、しなければなりませんか？　ちょっと考えてみてください。

排泄機能が発達していない赤ちゃんが、垂れ流すのは当たり前です。でも、そこでオムツをすることは当たり前ではない、と私は考えます。垂れ流されては困るから、オムツをするのです。垂れ流しても平気なところに暮らしていれば、オムツは必要ありません。

赤ちゃんだけではなく、そもそも人間は、動物としては垂れ流しの生き物です。

シカやうさぎは、森のアチラコチラに移動しながらおしっこもうんちも垂れ流します。ところがたぬきは、同じところでうんちをします。たぬきの溜めフンと言って、森の中にはたぬきのうんちが山になっているところがあったりします。これは、トイレで用を足すことに似ていますね。

人はうさぎやシカと同じ、そもそもは垂れ流しの生き物だったのです。森に暮らしているころは、汚くなったら移動すればいい遊牧民の暮らしでした。それが、文明が発達することで、トイレという概念ができてきたのです（トイレの歴史は、国によってさまざまな違いがあり、歴史をたどるだけでも面白いですよ）。

ですから、トイレットトレーニングも、無理やりすることは間違っていると私は考えています。本当なら、自分の好きなところで好きなときに垂れ流してしまうのが、一番楽チンでいいはずなのですから。

◎子育ては「こどもとの暮らし」

ここで、ちょっと考えてみましょう。子育てとは、一体何でしょうか?

子育てとは、特別な何かではなく「日々の暮らしそのもの」だと私は考えています。

こどもは家族と暮らしながら、どんどん成長して人になっていく。その暮らしの中で、どうすればこどもがより良く現代の人間社会で生きていけるのかを考えて、さまざまな工夫をこらすことが子育てではないかと思っています。

どう暮らしたら、こどもがより良く自然に成長していくのか、これが子育てです。

そして、私たちの祖先は、それも伝えてくれています。

「わらべうた」や「子守唄」、「昔話」などは、こどもを育てる唄、お話だったのです。これらは暮らしの中に根づいて、こどもの心を育ててくれたのです。

ですから「わらべうた」や「昔話」というツールを暮らしの中にもう一度取り入れてみるだけでも、この途絶えてしまった伝承を取り戻すことができます。

それが簡単にできるのが絵本です。後ほど詳しくお伝えしますが、現代のこどもとの暮らしの中で、絵本の役目は大きいのです。

◎「声の力」で子育て上手な母になれる

さて、ここまでお伝えしました3つの子育ての根幹。

・子育ては一人でするものではない
・人間は人間である前に「動物」である
・子育て＝こどもとの暮らしである

この根幹となる考え方が忘れられているから、今のお母さんたちの子育てはうまくいかないのです。

本書でお伝えする「マザーボイス子育てメソッド」は、この考え方に基づき、こどもを見る眼差しをあたたかいものにして、暮らし方を考えるための方法です。

マザーボイス子育てメソッドを実践することで、お母さんの声が暮らしの中でこどもにどんな大きな影響を与えているかが見えてきました。

そこで本書では、「お母さんの声」と「こどもを見る視点」の2つを中心に子育ての方法をお伝えしていきます。船でいう、羅針盤をお渡しするわけですね。

「そんなにうまくいくのだろうか？」と不安になるかもしれませんが大丈夫です。

この内容を学び、実践すれば、あなたの子育ては必ずうまくいきます。ですから安心して、次のページをめくってください。

第2章

私って母親失格!?
かわいいのにイライラするのはなぜ?

理想と違う子育て。なぜイライラしてしまうのだろう？

私のところに子育て相談にいらっしゃる90％以上の方が、こどもにイライラしてしまう、とおっしゃいます。

かわいい我が子のはずなのに、なぜイライラしてしまうのでしょう？

ベネッセ教育総合研究所が調べた２００８年のデータによると、小学校低学年までのこどもを持つ母親の気がかりは「犯罪や事故などの外的要因」が1位ですが、それを除いた悩みのトップ3を見てみると、「褒め方、叱り方」「こどもの性格、態度や様子」「友達との関わり」という結果が出ています。

この悩みが上位を占める背景には、お母さんが周囲の人たちにどう見られているかを気にすることが挙げられます。つまり、自分の子育てが周りから良く見られたい、子育てが下手なお母さんだと思われたくない、後ろ指を差されたくないという周りからの評価を一番気にしていることの表れということができます。

「褒めるのがいい」「叱るのはいいけど怒るのはダメ」というどちらが正しいかわか

らない意見に混乱してしまったり、こどもの性格や態度、友達との関わり方が、お母さん自身には問題ないように思えても、周囲に対してはどうなのか気になってしまったり、気を使ってしまったり……といったことがよくあると思います。

これは、自分の子育ての軸が「こどもをより良く育てるには」「こどもにとって何が大切なのか」ではなく「周囲からどう見られているか」「周囲にどう感じてもらうべきか」になってしまっているのです。

では次に、そのイライラのもとを具体的に探っていきましょう。

◎

「褒め方、叱り方」がわからなくてイライラするお母さんたち

お母さんたちからの相談を聞いていると、

「褒め方、叱り方の基準がわからない」

「母親としてこうあらねばならない、こうあるべきだ」

「こどもにこうしてほしい、こんなふうになってほしい」

「子育てが下手なお母さんと思われたくない」

「子育てに悩んでいることを知られたくない」


などの気持ちが強いことがわかってきました。

子育ての前提として、まず〝褒めなければいけない〟〝叱らなければいけない〟という思いがあるようです。とにかく褒めて、そしてきちんと叱ってこどもをなんとかしたいと思うのですね。

そして、これらが少しできてくると、それに加えて母親として他人にどう思われているか？　が気になってくるようです。

しかし、これらの感情は、こどもを自分の都合のいいようにしたいということに繋がっているということにほかなりません。

はじめは、

「こどもをより良く育てよう」

「こどものために〇〇している」だったのが、いつの間にか〝自分がどう思われているか〟に置き換えられているのです。

このように、**お母さんたちが子育てで気になるこどもの問題は、はっきり言って「お母さんの問題」**です。

誤解しないでくださいね。これはもちろんお母さんが悪いと責めているのではありません。

社会が子育てをきちんと教えることなく、しかも伝承も途絶えてしまっているのに、お母さん一人に子育ての重荷を背負わせていることに原因があるのです。

また、昨今は褒める子育てがもてはやされる反面、叱ることも大事、と叫ばれ、そのバランス力が求められます。そのため、お母さんたちは我が子をよく見ることなく、そして何を思っているかを感じる間もなく「こうするべき」「ああしなくては」と子育てのやり方（ハウツー）ばかりが気になってしまうのです。

しかし、子育てに大事なのは、やり方（ハウツー）ではありません。

こどもは自分で育つ力を持っています。ですから、私たち大人は、このこどもの育つ力を引き出してあげることが大事なのです。

我が子の育つ力を引き出す最大のポイントは、「お母さんの在り方一つ」にかかっているのです。

◎ お母さんがすることは「自分の背中をこどもに見せ続ける」。これだけ

私が代表を務める「マザーボイスアカデミー協会」では、講座でのレッスンの際、お母さんたちに「Ｄｏではなく Ｂｅですよ！　こどもをどうにかするのではなく、お母さんがどうあるかですよ！」とお伝えしています。

なぜこのようなことをお伝えしているのかというと、イライラの原因は、こどもの問題ではなく自分（お母さん方）の捉え方の問題なんだ、と気づいていただきたいからです。それがわかればこどもの見方や対応が変わりますし、イライラそのものも激

減するからです。

そして、気づきを得ていったん落ち着いたら、そこから自分を変える方法を学んでいきましょう。

前述したとおり、基本的にこどもは自分で育つ力を持っています。親があれこれ指図しなくても「人はどうあるべきか」という見本さえ見せてあげれば、その姿を真似てどんどん育っていきます。

古くから、「子は親の背を見て育つ」と言います。

この言葉は、子は、親の育て方や面と向かって言う言葉よりも、自分の目で見た親の行動から多くのことを吸収していくという意味ですね。

「親を見て」ではなく、「親の背を見て」というのがこの言葉の根幹でしょう。意識して言う口先だけの言葉ではなく、無意識にその背中に表れてしまう生き方や在り方の方をこどもは見ているということです。

では、自分のこどもに、親が思い描くような大人になってもらうためにはどうすればいいのでしょう。それには、大人である親が、自分が今どうあるべきかを考えることが必要です。

親が自分と向き合い、**自分の心の在り方を変えることで、こどもは親の背中を安心して見ることができるはずです。それが声のレッスンでできるようになるのです。**

「こどもの性格や態度」にイライラするお母さんたち

次に、イライラのトップ3の中でもお母さんたちが最も悩みを抱えるのが「こどもの性格、態度や様子」です。

こどもの性格や態度、様子にイライラしてしまうお母さんたちからは、以下のような言葉が聞かれました。

「こどもが私の言うことをほとんど聞きません」

「私が何かを言うだけで反抗的な態度を取ったり、反抗してきます」

「意見を求めてもグズグズしてはっきり返事をしてくれません」

「自信がないのか、自分で主体的に動いてくれません」

「最近はお母さんなんか嫌い！　とよく言います」

「近くから話しかけているのに、こどもが返事をしないんです」

こどもたちがなぜこのような態度を取るのか。こどもの視点から一つひとつ紐解いていきます。

こどもが言うことを聞かない

どんな状況であれ、こどもに無理やり言うことを聞かせようとしてもダメです。たとえその内容がその子のためだったとしても、こどもが納得し、自分からその気になっていなければ、まず言うことを聞いてくれません。

人は、自分で考え、自分で行動したい生き物です。ですから、親だからという理由だけでこどもに言うことを聞かせようとするのは横暴なのです。

こどもであれ大人であれ、人は信頼できる人の言うことは素直に聞きます。言うことを聞いて欲しいと思ったら、まずは信頼関係を築くことが大切なのです。

ただし、こどもは言うことを聞かない一方、お母さんのことが大好きです。だから本当はお母さんの言うことを聞きたいのです。それなのに言うことを聞かないということは……。

それは、恐らくこどもと接するとき、命令口調だったり威圧的だったり、あるいは気まぐれに怒ったりしているからではないでしょうか。

こどもが納得できていない＝お母さんを信頼できていない状況だから、言うことを聞かないのかもしれません。

また、言うことを聞かせたいがためのお説教も当然ＮＧです。

自分がこどもだったころを思い出すとよくわかると思いますが、長いお説教はこどもの気持ちここにあらず。頭の中は「早く終わらないかなあ」「お腹すいたなあ」など、親の思いとは裏腹に、まったく違うことを考えてやり過ごそうとしているはずですから。

人は、大人になるとこどものころの気持ちを忘れてしまいます。けれども、こども時代の自分を思い返してみると、状況はどうであれ、今のこどもの気持ちが少しは理解できるのではないでしょうか。

こどもの気持ちに寄り添い、共感する。するとこどもはお母さんに対する信頼感がグッと増し、素直になってくれますね。

何を言ってもやっても反抗する

こどもの成長過程で必ず迎えると言われる反抗期。この時期の接し方次第で将来の親子関係は大きく左右すると言われるため、こどもとの向き合い方に悩むお母さんは多くいらっしゃいます。

でも、こどもは反抗期だから反抗するのではありません。「1年中反抗期です」などとおっしゃるお母さんもいらっしゃいますが、こどもは単に反抗したくてしているのではなく、自分の気持ちを分かってもらえないから反抗しているのです。

実は、人の成長過程に反抗期はありません。

一般に反抗期と言われる時期は、本来は成長の節目。こどもがぐっと成長して大きく変わろうとしているときです。この時期は身体的にも情緒的にも非常に不安定になるため、こどもの心は揺らいでいます。

ですから、この時期にお母さんがこどもの気持ちを理解することが非常に重要です。怒ったり叱ったりするのではなく、「うんうん」とただ頷いて話を聞く、お母さんのあたたかい声で「気持ちわかるよ」と安心させてあげる。

これだけでこどもは気持ちが落ち着き、聞く耳を持ってくれます。

一般的に世間では、こどもの反抗期は2～3歳ごろの第一次反抗期（イヤイヤ期）、小学校低学年ごろの中間反抗期、思春期の第二次反抗期の3回現れるなどと言われています。しかし、発達心理学などの研究において、人の成長の過程に反抗期というものはありません。あえて言うなら自立期であり、成長の節目に過ぎないのです。成長の節目に、自立しようともがくから心が不安定になり、反抗的になってしまうのです。現に、理解と信頼関係のしっかりできている親子の間では反抗期など一切なく穏やかにこどもは成長していきます。

私には、反抗期が必ずあるという親の思い込みがこどもの反抗期を作り出しているように見えてなりません。

成長の木をご覧になってみてください。

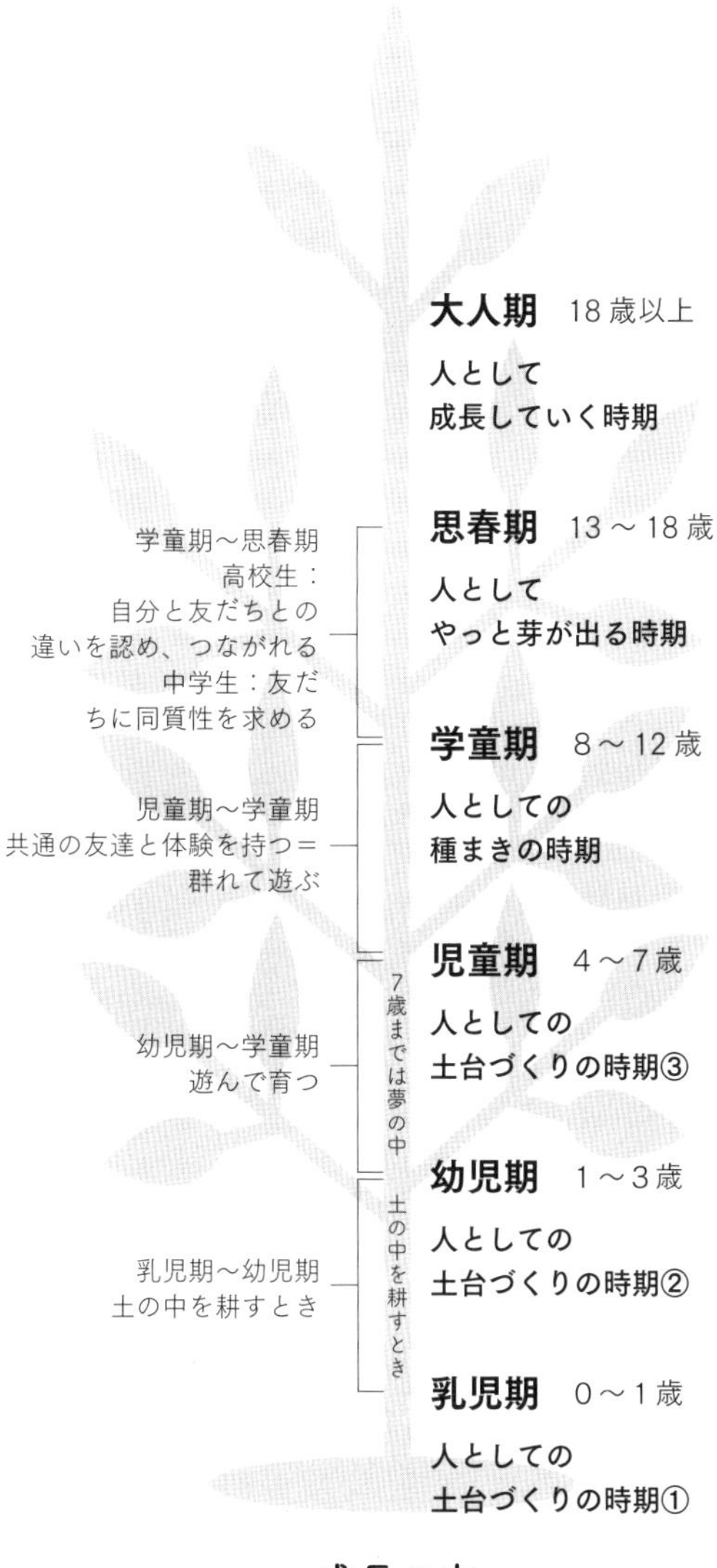

成長の木

自信がない、グズグズする

　こどもが主体的に動かなくてイライラするというお母さんも一定数いらっしゃいます。しかし、はっきり言いますが、これは、これまでのお母さんの態度が原因ということがほとんどです。

　自信がない、またはグズグズしがちなこどもを持つお母さんは、大きく二つのタイプに分けられます。

　一つは、お母さんが威圧的なタイプです。

　お母さん自身は自覚がないものの、声を聞くとよくわかります。こどもに対して「こうしてほしい」「ああしてほしい」という気持ちが強いことから、つい威圧的な声でこどもに接してしまいます。

　すると、こどもは精神的に委縮してしまい、オドオドした態度をとります。こどもがオドオドするとお母さんはイライラし、その態度にさらにこどもはオドオドする……という負のスパイラルに陥ってしまうのです。

もう一つは、お母さんに自信がなく、気持ちが不安定でいつも不安を抱えているタイプ。

こどもは身近な大人を真似して大きくなっていきます。その最も身近な人物が自信のない大人だとしたら、当然こどもも似たような性格、発想を持ってしまうのは仕方がないでしょう。

しかも、お母さんが不安を抱えていると、その心のうちは声や態度でこどもに伝わってしまうので、こどもも不安になり、自分から主体的に動くことができなくなります。

子育ての第一歩は、こどもの不安を取り除いてあげることです。

こどもの不安を取り除き、「この世は安全で安心して大きくなっていけるところだよ」「大丈夫、何かあったらお母さんが守るからね」ということを伝え続けましょう。

でも、これをするには何よりお母さんの在り方が大事です。まずはお母さん自身が自分の不安を取り除き、我が子に**「あなたは私の子だから大丈夫！」**と言ってあげることが大切です。

「お母さんなんか嫌い」と言う

この言葉を聞くと、お母さんたちの多くは落ち込んでしまうと言います。でも、落ち込まなくて大丈夫。だって、本来こどもはお母さんが大好きなのですから。

ここは強調して言いますが、どんなこどもも基本的にお母さんのことが大好きです。

大げさに聞こえるかもしれませんが、こどもは、お母さんがこどもを思う気持ちの10倍以上お母さんのことが大好きなのです。

ですから、「お母さんなんか嫌い」という言葉は

「もっとこっちを見て」

「もっと僕（私）を好きになって」

「もっと一緒に遊んで」

「もっと、もっと、もっと……」

ということの裏返しです。つまりもっと愛してほしいということですね。

これらの態度が見えたら、お母さんはこれまで以上にもっともっと愛を伝えてあげ

てください。お母さんの愛が足りないのではありません。もっと伝えてあげないとこどもの欲求に応えきれていないというだけのことです。

・こどものことをよく見る
・こどもにあたたかい声を届ける
・心から楽しんでこどもと一緒に遊ぶ
・こどもをひざに乗せ、心を込めて絵本を読む
・ギュッと抱きしめて「大好きだよ」と伝える

などなど、できることからで大丈夫です。

とにかく愛されたいというこどもの欲求は激しく大きいので、できる限りの方法で愛を伝えてあげてください。

返事をしない

こどもが返事をしないというお母さんの悩みは、マザーボイスアカデミーに寄せら

れる悩みの中でもトップクラスです。

さらに「そんなに広くない部屋だから聞こえているはずなのに」とか「目の前で話しかけているのに聞こえないはずがない」と、多くのお母さんたちがストレスを感じています。

ところが、驚くなかれ。

こどもは本当にお母さんの声が聞こえていないのです。

この場合のお母さんの在り方には2種類あります。

一つは、こどもに声を届けるように発声していないということ。きちんとこどもに向けて声を出さなければ、声は意外と届きません。

こどもからしたら「なんかお母さんの声が聞こえているなあ」くらいの感じで、自分に言われているとは思っていないのでしょう。だから返事をしないのです。

もう一つは、お母さんの声が聞きたくない声になってしまったから聞かない、というパターン。お母さんがいつも怒鳴ったり喚《わめ》いたりしていたら、その声はこどもにとって聞きたくない声です。

本来は大好きなお母さんの声が、自分を傷つけたり嫌な気持ちにさせる声に変わっていたとしたら、手で耳を塞ぐことはしなくても勝手に耳を塞いでしまいます。

耳を塞ぐという機能は、誰もが持っている耳の働きですが、耳は、聞きたくない声（音）をシャットアウトすることができます。

ですから、耳に音の振動が伝わってきても、聞きたくない音の場合は脳がそれを声（音）と認識しません。そうなると、お母さんが何を言っても聞こえなくなってしまうのです。

お母さんの声が本当に聞こえていない場合は、決して大きな声で話しかけるのではなく、こどものそばまで行き、しゃがんで顔を見て穏やかに話しましょう。お母さんの目線が自分と同じになることで、声がしっかり届き、また、上から見下ろされるような威圧感もなくなることから、話を受け入れやすくなります。

一方、耳を閉ざしてしまった場合は、お母さんの声を変える必要があります。

まず「怒鳴る」「叱る」「喚く」ことをやめましょう。第4章で詳しくレクチャーしますが、「まぁるい声」を習得していただくと、声がこどもにきちんと届き、耳をシャットアウトするのを防いでくれます。まぁるい声で、まず「○○ちゃ～～ん！」と包み込むように声を届けてみてください。

ここまで、お母さんがイライラする原因を、視点を変えてこどもの立場から紐解いてみました。かなりストレートにお伝えしたので、心に刺さってしまったかもしれません。

でも、こどものころのことをちょっと思い出してみてください。

あなたも、小さいころに「大人ってわかってないなあ」と思った記憶はありませんか？

こどもの視点を持つことは、大人とは違った世界観を持っているこどもをまるごと理解することに繋がります。

現代のお母さんたちは一人で子育てを背負っていますから、自分の気持ちだけにフォーカスしてイライラしてしまうことが多いのです。

ですから意識的に視点を自分からこどもに変えて、こどもの気持ちを汲み取ってみてください。見方を変えるだけでイライラは激減します。今しかないこどもとのこの時期をもっと楽しみましょうね。

◎こどもは「こども」として一人前の存在

こどもの視点に立つために、大人とこどもの違いを知っておきましょう。

こどもは「大人になる前の未熟な存在」と思われがちですが、違います。

こどもはこどもとして一人前。決して未熟な存在ではありません。また、人として尊重されるべき存在です。

人の世に出てきて日が浅いので、いろいろ慣れないことは多いのですが、野生の力を持って生まれてきていますので、感じる力は大人以上です。

こどもは、

・よく聞いています

・よく見ています
・結構、鼻が利きます
・味覚が敏感です
・何でも触ってわかろうとします

このように、五感は大人より鋭いのです。言語能力や表現力が未熟なため、それを表現しきれないだけです。

こどもを理解するためには、大人はまずこどもと同じ視点に立って物事を見ることです。つまり、しゃがんでものを見るということ。それだけでこどもの見ている世界がわかります。

お母さんに理解してほしいこどもの5つの特徴

こどもの見ている世界とともに、ぜひお母さんに理解しておいてもらいたい「こどもの5つの特徴」があります。
それは次の5つです。

・自分で育つ力を持ち、遊んで育つ
・今を精いっぱい生きているだけ
・「嬉しい」「楽しい」「面白い」の感情で成長する
・異世界への扉が開いている
・こどもは驚くほどお母さんが好き

一つずつ、詳しくお伝えします。

自分で育つ力を持ち、遊んで育つ

生まれたばかりの赤ちゃんは、何もできないからお世話をしてあげるべきと思うかもしれませんが、それは、この社会で生きていくための力を持っていないというだけで、生き物としては自分で生きようとする力をしっかり持っています。

寝返りもハイハイも立ち上がるのも、誰かが教えたわけでもないのにいつの間にかできるようなっていますよね?

さらに、こどもはエネルギーに満ち溢れています。そのため、こどもがじっとしていられないのは当たり前と言えば当たり前です。

いつも弾んでいる、跳ねている、動き回っている……。好奇心が旺盛で、遊んで育つ生き物です。**こどもにとっての遊びは、生きることそのものです。**

極端な言い方をすると、こどもから遊びを奪うということは、こどもを殺してしまうこととイコールです。そのくらい、遊びはこどもにとって大事な営みなのです。

今を精いっぱい生きているだけ

基本的に、こどもには過去や未来という概念がありません。つまり、時間の概念がないのです。

こどもは〝今〟しか考えていません。過去のことは忘れてしまいますし、先を見通すこともできません。「昨日」や「明日」という言葉は知っていても、大人と同じように「昨日」や「明日」を理解しているわけではないのです。

このことは重要で、お母さんはこどもがわかっている（理解している）ことを前提に「昨日言ったでしょ」などと言いますが、こどもにはどういうことなのか伝わっていないことが多いのです。

小学生になっても9歳くらいまでは、まだ時間の概念が大人とは違います。このことを知っておかないと、親子の気持ちにすれ違いが起こります。

「嬉しい」「楽しい」「面白い」の感情で成長する

最新の脳科学でわかったことですが、脳のシナプス（神経と神経のつなぎ目）がどんどんつながっていくためには、負の感情ではなく、前向きな感情「楽しい」「嬉しい」

「面白い」が大切だと言われています。

こどもの様子を見ていると、楽しいときや嬉しいときはやる気が出て元気になりますし、好奇心旺盛にワクワクして動き出すのは「面白い」と感じたときです。

これは、こどもばかりではありません。大人だってこのように前向きな感情のときは一生懸命になりますし、良い結果が表れます。

ですから、こどもとの毎日の暮らしをいかに楽しく、面白く、そして嬉しくなるように工夫するかが、こどものより良い成長のためには大切なのです。

異世界への扉が開いている

私は、常々、大人の心の世界に比べて、こどもの心の世界の方がより広くて大きい、と言っています。なぜなら、こどもには今生きている世界とは別の世界を簡単に受け入れる心の広さがあるからです。

大人には見えないものが見えたりしますし、物語の世界もこどもにとっては現実の世界と捉えられています。思想家・哲学者でシュタイナー教育の提唱者、ルドルフ・シュタイナーは「7歳までは夢の中」と言っています。

親がこのこどもの特性を知らないと、物語の世界で楽しんできたこどもの言うことを嘘と捉えてしまい、「うちの子はよく嘘をつくのですが、大丈夫でしょうか?」という不安に繋がってしまいます。

夢見る夢子ちゃんに手を焼くお母さんは多くいらっしゃいますが、実は親のほうがこどもの本質を見抜けていないことが多いのです。

こどもは驚くほどお母さんが好き

44ページでもお話ししましたが、こどもはお母さんがこどもを思う気持ちの10倍(それ以上かもしれません)はお母さんのことが大好きです。これは遺伝子レベルで組み込まれているとしか言いようのないほどの事実です。

「こどもに本気で嫌いと言われた」

「毎日、わざと私を困らせるようなことばかりします」

「私がなにか言うたび、睨みつけるような顔をします」

「私の声だけが聞こえないみたいで、一切返事をしてくれないんです」

「すぐにバレてしまうというのに、嘘をつくんです」

これらのお母さんの嘆きは、ほぼすべてこどもからの何らかのSOSです。「お母さんが大好きなのに応えてくれないことへの不満」と言い換えることもできます。

また、これが積もり積もると思春期の大きな反抗に繋がります。不満が小さいうちにこどもの「お母さん大好き！」に応え、信頼関係を築いていきましょう。

大好きなお母さんから「愛されている」「信頼されている」「可愛がられている」「大切にされている」とこどもが感じ取れたら、お母さんが嘆くさまざまな子育てのトラブルの殆どは解決します。

「こどもが感じ取れる」ということは、イコールこどもに伝わってなくてはならないということです。伝わるように伝えなくては、こどもは感じ取れません。

「お母さんがこどもを思う気持ちの10倍以上、こどもはお母さんが好き」という気持ちに応えて「お母さんもあなたのことが大好き」ということを本気で伝えましょう。

◎暑苦しく本気で伝えないと愛は伝わらない

私がなぜ、ここまでしつこく「こどもに伝えましょう」と声を大にするのかと言いますと、これができていないお母さんがとても多いからです。

口先だけで「大好き」と言っても、気持ちは伝わりません。なぜなら、声はお母さんの本音を伝えてしまいますから。

たとえ「抱きしめればいいのよね」とギュッとしても、こどもは五感のすべてでお母さんの気持ちを察してしまいますから、本気かどうかが伝わってしまいます。

スマホを見ながら、「はいはい」と返事をするようでは、こどもに「ぼく（わたし）のことはどうでもいいんだ」と思われてしまい、この先、友だち同士のやりとりやさまざまなコミュニケーションを育む力が弱くなってしまう恐れがあります。

「毎日、大好きと言って抱きしめています」

「毎日、生まれてきてくれてありがとう、と言っています」

「毎日、イライラしても怒らないように気をつけています」

という声もよく聞きますが、本当に毎日本気で伝えているのでしょうか？

確かに怒ってはいないかもしれませんが、イライラして冷たい態度になっていませんか？

あるいは、八つ当たり気味に大きな声でこどもに感情をぶつけたりしていませんか？

こどもにはいい加減な態度や言葉は通用しません。言葉は、いつだって暑苦しく本気で届けないと、愛は伝わりません。

そこで、大事なのが〝声の力〟です。

お母さんの声の力を知り、その声を上手に使えたら、子育ての大変さはほぼすべて解消します。

次の章からは、いよいよお母さんの声の力に迫ります。

第3章

子育ての秘訣はマザーボイスにあった！

◎子育てに付随する思い込みから解放されよう

本章では、お母さんの声の力についてお伝えしますが、実際の内容に入る前に、まず多くのお母さんが子育てでしてしまっている「2つの思い込み」についてお伝えします。

この思い込みから解放されたうえで、声の大切さの話に入っていきましょう。

「子育ては大変だ」という思い込み

「子育ては大変なもの」

この本を読んでいるお母さんの中には、子育てをそんな風に〝思い込んで〟しまっている人も少なくないかもしれません。これが一つめの思い込みです。

お母さんが頭からそんな風に思い込んでいると、子育てはどんどん大変になっていってしまうので注意が必要です。

世間一般の人は「大変、大変」と言いますが、そのせいで、初めてお母さんになった、まだ子育てのことを知らない人までもが「大変なことなんだ」と思い込んでしまうのです。

この思い込みは、実はとても怖いことです。

確かに、実際に子育てを始めてみると、おっぱいをあげたり、夜泣きがあったり……と、大変と感じることは多いと思います。初めての体験というものは、なかなか思うようにいかないものです。でも、そのうまくいかないことさえも、その初めての体験を「こんな風にするんだ」「こどもってこんな風に泣くんだ」「こんな時はこんな反応をするんだ」と一つひとつ驚きをもって、面白がりながらやることを覚えると、子育てはころりと〝楽しいもの〟に変わります。

「私の子だから大丈夫」

「私はこの子のお母さんだから大丈夫」

と考えてみてください。「大丈夫」の気持ちに根拠は必要ありません。

するといろいろなことが大丈夫になっていきますし、変な思い込みから解放されるようになります。まずはそこから変えていきましょう。

「こう育てなければいけない」という思い込み

「こどもはこう育てないといけない」
「こういう言葉を使わないといけない」
「こういう言い回しを練習しましょう」
子育て本を読むと、このようなことが書いてあることが多いと思います。これが実は、もう一つの思い込みなのです。

でも、実際に子育てをしていて、そのようなことに気を使っている時間はあるでしょうか？

はっきり言って、そんな面倒なことやってられませんよね？

子育ては暮らしです。子育てのために特別な何かをしなければならないわけではありません。普通に日々の暮らしをこどもとともに愉しめばいいのです。無理して、自分の感情を抑えてしまう必要などありません。人間は感情の生き物ですから。

ただ、その感情が、こどもに大きく影響しますので、より心地の良いものになるといいと思いませんか？

だからお母さんには「ご機嫌さん」でいてもらいたいのです。

だからと言って、100％いつもご機嫌でいる必要はありません。そんなことは不可能ですね。

割合は「ご機嫌さん8割」です。8割ご機嫌だったら2割は怒っても叱っても大丈夫です。こどもはその辺りを理解して「うちのお母さん、時々鬼になっちゃうんだよね」とスルーしてくれますから。


さあ、まずはこの2つの思い込みから、自由になりましょう。

それだけでも、お母さんの子育ては変わってくるはずです。

◎ 目覚めよ！ 私（お母さん）の声の力

まず、声は自分自身を一番癒《いや》してくれるものだということを知ってください。

声は音、細やかな振動であり、自分の声は骨導音と言って、まず自分の体の中の骨を通ってすべての細胞にその振動が届きます。その振動が「倍音」と呼ばれるよく響く音になっていたら、心を癒やすことができます。倍音は脳の情感を司る部分、大脳辺縁系に伝わり、情感を揺さぶり、心を癒やすことがわかっているのです。そもそも人は、本来、自分の声が大好きなのです。その大好きな声で一番癒されるのですね。

「自分の声が嫌い」という人は案外多いのですが、これは本来持っている自分の声を使っていないからです。

実は、声は遺伝ではなく、一番身近な人の声を真似して出しているのです。つまり、多くの人は本来、自分が持っている声を出せていません。

まずは自分の本来の声に出合ってください。それからその声を良く響く倍音で、こどもを包み込むような温かい声である「まぁるい声」に磨いていくレッスンをしていきましょう。

するとだんだん自分の声が好きになってきます。そうなったらしめたもの。毎日「まぁるい声」を使うだけで自分自身を癒すことができるようになります。

自分で自分を癒すことができるようになると、いつの間にかイライラしない体質になっていることに気づくでしょう。そして、このイライラしない体質になっている状態、つまり「まぁるい声」が出せる状態になっていると、声を発するだけでこどもに愛を伝えることができるのです。

「まぁるい声」は、こどもの心を癒す力を持ち、さらに脳のさまざまな部分に働きかけ、こどもの多様な能力を引き出すことができるのです。日々の「まぁるい声」でこどもに接するだけで、こどもの心をあたたかく包み込み、愛を伝え、さらにこどもの才能を伸ばし続けることができます。

◎「絵本」や「わらべうた」が、こどもを賢く豊かな人に育てる

人の作ったこの社会は、一人で生きていける社会ではありません。

仮に自分が賢かったとしても、人と上手に関わることができなければ、幸せな気持ちで暮らすことはできないでしょう。人の役に立ったり、何かをしてあげたりしてもらったり。

人はそもそも人の役に立ちたい生き物です。でも「人の役に立つ」ことは、他者への思いやりという心のあたたかさを持っていなかったらできないことです。お母さんのあたたかい声の力で、こどもをそのように育てることは可能です。

「絵本」や「わらべうた」は、毎日の暮らしの中で手軽に、かつ最も効果を上げることのできる最良のツールです。

お母さんが「まぁるい声」を手に入れ、日々「絵本」や「わらべうた」でこどもに愛を届ければ、こどもはいずれ自分の頭でものを考え、知識や知恵を絞って人の役に立つ「賢い人」になるでしょう。

◎こどもの心を癒やす母の声

２０１２年、アメリカの学術誌『Human Behaviour』の「Instant messages vs. speech: hormones and why we still need to hear each other」の中で、「お母さんの声はこどものストレスホルモンを軽減する」という実験結果が発表されました。

これは、お母さんの声にはこどもの心を癒やす力、こどものストレスを取り除く力があることの証明です。

新生児のうちから母親の声が聞き分けられる理由は、体内にいるときから耳にしているため、と長年考えられてきました。しかし、新生児が耳にしているという点では父親も同じはずです。

なのになぜ、赤ちゃんは母親の声だけ聞き分けることができるのでしょう？

２０１０年12月、カナダのモントリオール大学で実施された実験でも、生後24時間以内の赤ちゃんが母親と他の女性（看護師）の声をすでに聞き分けているという研究結果が発表されました。

さらに、アメリカのニュースチャンネル「CNN」でも、ストレスを抱えたティーンエイジャーが、母親の声を電話で聞くだけでストレスホルモンが減少していくと伝えられました。

これらのことから、幼少期、また、思春期のこどもにとって、母親の声が精神を安定させる最も重要なコミュニケーションツールであることがわかります。

母の声はこどもの才能を引き出す力を持っている!?

2016年、アメリカのスタンフォード大学医科大学院で発表された研究結果に、興味深いものがありました。

「母親の声」は、1秒未満であってもこどものほぼ全員が認識できるほか、聴覚野以外の脳の部分にも刺激を与えている、というものです。

研究では7歳から12歳のこども約24人に、母親と他人の声を聞かせ、脳の様子をM

RIで調査。その結果、1秒に満たない音でもこどもは97％の正確さで母親の声を認識したといいます。

また、母親のやさしい声を聞いたこどもの脳は、声や音を認識する聴覚野だけではなく、感情や、顔の認識、社会的なコミュニケーション能力に必要なところまでも反応を示したといいます。

母親の存在が、こどもにとっていかにかけがえのないものであるか。改めて思い知らされる結果ですね。

◎ 私の母の声にまつわるエピソード

これらの研究結果を踏まえ、マザーボイスアカデミー協会ではお母さんの声の力を活かす子育てメソッドを確立していったのですが、根底にあったのは私の母の声にまつわる不思議な体験でした。

「母のために生きる」と決めた2歳の私

不思議な体験の大前提として、幼少期の私自身と母のことを少しお話しします。

これらのことは、発達心理学の学びや自分を掘り下げるワークをしていく過程で思い出し、発見したことです。

人は、2歳までの体験で自分の生き方を決めてしまうと言われています。

まさに私は、この時期に「母が一番大切、この母のために生きる」ことを決め、それに基づいて生きてきたようなのです。

「母のため」と決めたのは、私がちょうど2歳のときです。このとき私の母は乳腺炎にかかり、高熱で一日中布団から出られなかったのです。今年94歳になる父も、このときのことは覚えていて、当時仕事一筋の父に休みなど取れるわけもなく、気になりながらも私達二人をおいて仕事に出かけざるを得なかったのだそうです。

私が覚えているのは、薄暗い部屋の中、母の眠っているすぐ横で、ただただ心細い思いを抱えて、じっと座っていたことだけ。今でも、その心細い思いとともに、やわらかな布団の感触、暗い部屋の中、不安でたまらなかった小さな自分をぼんやり思い浮かべることができます。

今は亡き母が昔語ってくれたのは、その当時、父の転勤で私たち一家は北海道に引っ越したばかり。父は仕事でほとんど家に帰らず、母は熱を出してつらくても、誰にも頼ることができなかったそうです。ただ、当時はご近所づきあいも頻繁で、親切にしてくれる方が多く、結果的には、このときも近所の方にだいぶ助けていただいたようで、有難かったと話していました。

私の中ではこの時、「この人を大切にしなくては！」という思いが定着したのだろうと思います。そして私はその後、母をよく手伝い、できることは何でも自分でする、弟の面倒をよく見る、ワガママは決して言わない……と、自分で言うのも変ですが、親にとってはとても育てやすい優等生のいい子として育っていきました。

好きだった母の声、嫌いだった母の声

私の母はあたたかく、あふれるほどの愛情を表現する明るく元気な人でしたが、半面、ワガママで勝手気ままなところもある感情の起伏の激しい人でもありました。

ですから、私はとても愛され大事にされた一方で、「食事に時間をかけすぎる」「たくさん食べない」など、ヒステリックに叱られたことも多々ありました。それでも食事にまつわること以外では決して叱られることはなく、成長するに従って私はどんどん母の優等生になっていきました。

母は、秋田で生まれ育ったので、東北の伝承の子育てをしていました。わらべうたを歌い、絵本を読んで育ててくれたのです。

そんな母が私は大好きでした。決して歌がうまいわけではありませんでしたが、わらべうたを歌う母の声はあたたかく、とても幸せな気持ちになりました。

とは言え、感情の起伏が激しい母でしたから、父とケンカをしたときやヒステリックに叫ぶ母の声はとても嫌でしたし、今でもそのときの母の声を思い出すと悲しい気

持ちになります。

リストカットしようとする私を救った母のあたたかい声

それでも、母の愛情だけは、あたたかい声とともにしっかり私の心に届いていたのでしょう。私は17歳のとき、生き方に悩み、ふと魔が差して手首にナイフを当てたことがありました。

その瞬間、頭の後ろの方から母の声が聞こえてきたのです。

「まさこ！」と呼ぶあたたかくて大好きな母の声。そして、次の瞬間、満面笑みの母の顔が浮かびました。咄嗟に私は「この笑顔を奪うことになる！」と思いナイフを捨てました。私を呼ぶあたたかい母の声に、私は命を救われたのです。

そして月日が流れ、私は結婚し、３人のこどもの母となりました。長女が高校生、次女が中学生、末っ子の長男が小学校に入学するころ、母は70歳でアルツハイマー型認知症を発症。その後10年、母の介護の中心は父であり、その父を助けるため、私は伊豆の天城から東京に頻繁に通いました。

そして父の手に余るようになったころ、母を伊豆にある私の自宅に引き取って、亡くなるまでの3年を自宅で介護したのです。

介護の中で知った不思議な体験

その介護の日々の中でも、母の声の力を体感する不思議な経験をしました。

ある日、私はわらべうたの本に出合いました。

その本とは、東北のわらべうたが子育ての歌だったことを伝える『人を育てる唄』（エイデル研究所）。著者の阿部ヤヱさんは、わらべうたには人間としての生き方や生活の智恵が伝えられていることを知り、わらべうたの良さを伝承するため、力を注いだおばあちゃんです。

この本は「うんこー、うんこー」といううんこ語りが書いてあるところから始まります。読み進めるうちに、その語り唄がいつの間にか母の声になり、頭の後ろの方から「んこー、んこー」と聞こえてくるようになりました。

母が唄うわらべうたの声が、私の潜在意識の中に眠っていたのですね。赤ちゃんのときだけでなく、何度もなんども聞いたのでしょう、母が赤ちゃんを抱き上げて歌っている姿がくっきりと浮かんできたのです。

その後読み進めると、次々にわらべうたの文章が母の声になっていきました。私はあまりのことにびっくりし、腰が抜けてその場にへたりこんでしまいました。そして、懐かしい母の声を思い出し、涙がとめどなく流れ落ちていったのです。

母が赤ちゃんをあやしていた唄は、すべて東北のわらべうた。伝承の子育て歌だったのです。

母の声で気づいた母への愛情

私がこの体験をしたとき、母はすでに病気が進行しており、私のこともあまりわからない状態でした。声も、私が大好きだった母の声とはまるで違い、別の世界に生きる人のようになっていたのです。

ですが、私は自分自身が育てられた伝承の子育てにこのとき出合うことができました。母は、赤ちゃんをあやすのが上手で、よくよその子を預かっては面倒を見ていました。また、母は赤ちゃんにとても好かれていたのですが、その理由が伝承の子育て唄にあったのだということをこのとき初めて知りました。

その後、もうすっかり私のこともわからなくなったある日、私が疲れて母の隣に寝そべっていると「まさこ疲れたの？　お布団で寝なさい」とふいに正気に戻ったように、元気だったころの母の声を聞くことがありました。

恋しくてたまらなかった大好きな母のあたたかい声。このときばかりは嬉しさと悲しさがごちゃまぜになり、その場で号泣しました。

大好きだった母の声を聞けたのは、そのときだけ。あとは涼しい顔で母は車椅子に座っていました。

それでも私はこのときの母の声が忘れられず、亡くなって10年近く経った今でもこの声が恋しくなります。自分がこんなにも母のことを好きだったなんて……。

決して仲良し親子だったわけではありません。お母さんの声の力に気づいていなければ、わからなかっただろうと思います。

◎ 母の声はこどもにも連鎖していく

長女が17歳のとき、童謡詩人の金子みすゞの生涯を紹介するドラマがありました。

その中でみすゞ役を演じた松たか子さんが詩の朗読をするシーンが何度かあったのですが、娘はそのたびに「この詩はお母さんの声で私の中にあるから、他の人の声では聞きたくない」と言い、TVのスイッチを切ってしまったのです（もちろん、松たか子さんの声が悪いとか嫌いなどというわけではありません）。

そして、ドラマが終わってから娘に話をよく聞くと、金子みすゞの有名な詩のいくつかは、本当に私の声で聞こえていたのだそうです。

長女が3歳のとき、絵本作家の上野紀子さんが描かれた『ほしとたんぽぽ』（JUL

A出版局）を購入しました。この絵本は、当時発見されたばかりの金子みすゞの詩の世界を優しく温かい絵で表現したものなのですが、やさしいながらもどこか物悲しい少女の絵と、そこに紡がれる金子みすゞの詩に、私は読み進めながら感動を抑えることができず、涙があふれ、声を震わせながら読んだのです。

その後も娘をお膝に乗せ、この絵本を心をこめて度々読みました。娘は読むたびに私（母）の声をそのまま受け取り、金子みすゞの詩をそのときの声のまま、あたたかく心に刻んでいったのでしょう。

娘は「金子みすゞの詩はどこか物悲しくて、私はそんなに好きじゃない」とよく言っていました。

けれども、金子みすゞの詩を読む私の〝声〟は好きだったようです。私が感動した言葉の美しさではなく、「あたたかく愛情あふれる感動した声そのもの」が心に残ったらしいのです。

その後、長女は保育士になりました。園でこどもたちに絵本を読んであげるとき、私の声が聞こえてくるそうです。私（母）の読んだ声の抑揚や声の質感、表現など、そのまま真似をして読み聞かせしていると言います。

長女からその教え子たちへ……。このように声が連鎖していくのだとしたら、これは母である私たちの責任は大きいですね。

第4章

マザーボイスを出せるお母さんになろう!

〝やさしい声〟はNG。こどもの心に響くのは〝まぁるい声〟

では、いよいよここから「まぁるい声」の出し方、使い方をお伝えします。

「まぁるい声」とは、あたたかくこどもを包み込むような声のことですが、このように呼ぶようになるまでは、単に「やさしい声」と言っていました。ところが、講座を開催する中で「やさしい声」と言うと、〝やさしい声を作ろうとしてしまう人〟が一定数いたのです。

作られた声というのは不自然です。取り繕ったように聞こえ、こどもには嘘をついているように聞こえてしまいます。

そこで、自然にやさしさがにじむようなあたたかい声をどうしたら無理せず出せるか……。レッスンしながら研究しているうちに気づいたのが、「まぁるい声」です。

「やさしい」とイメージして言うから「やさしげ」な声を作ってしまう。では、やさしいではなく何をイメージしたら作らないやさしい声になるのか？

そう考えたとき、こどもをまぁるく包み込むイメージが湧きました。まぁるく包み込むように声を届けて、更にわらべうたの母音を伸ばすことによる柔らかく温かい響き。この響きがこどもの心に深く届きます。これを意識すれば「まぁるい声」になると思いつきました。

実際に講座で試してみると、声を相手に発するとき、放物線を描くように届けて、くるりと相手を包み込むようにイメージすると柔らかく温かい響きになります。さらに母音をゆったり伸ばしてわらべうたを歌ってみると歌っている本人がとても癒されるのです。母音の響きをすべて丸くして普段の言葉にも生かすと「まぁるい声」になることがわかりました。

ちなみに、お母さんの声の力をお伝えするために設立した、子育て中のお母さんのためのコミュニティ「一般社団法人マザーボイスアカデミー協会」では、お母さんの声がこどもを包み込む形をロゴにしていますが、まさにこのロゴが「まぁるい声」をそのまま表しています。さらに協会は「お母さんの声が届くとこどもの才能が目覚める！」というキャッチコピーを使っているのですが、これは本当なのです。そこでこの言葉通りのロゴになっています。

一般社団法人
マザーボイス
アカデミー協会

まぁるい声を出すときの声のレッスン

では、ここからは実際に「まぁるい声」を出すことへシフトしていきます。

「まぁるい声」を出すためには、事前に体をほぐし、柔らかくして声を出しやすい状態に整えておく必要があります。子育てを頑張るお母さんたちは、肩から背中にかけてガチガチに硬くなっていることが多いのです。体が硬くなっているとどんなに頑張っても「まぁるい声」にはなりません。そのため、準備運動から始めます。

これは実際に私の講座で行っているものですので、本を読みながら実践してもらうことで、あなたも「まぁるい声」を出せるようになるでしょう。

《準備運動》

いつでもどこでも元気いっぱい！　ボディリラクシング・メソッド
アナンダヨガから　体を柔らかくし、声の出しやすい体を作る

準備運動には「アナンダヨガ」のほんの一部を使います。

これはアメリカのアナンダ村で毎朝行われているヨガです。私自身がアナンダ村に行って体得してきたもので、声のレッスンのためにお母さんに実践していただくにはどれがいいかを厳選したものです。

このヨガをすることで免疫が上がり、元気で暮らせる体、声が出しやすい体になります。

呼吸の準備運動　エネルギーワーク

①胸の前で両手を軽く握って、「すす～」と2回鼻から息を吸う。両腕を外に開きながら「は、は～」と2回口から息を吐く。

②胸の前で両手を軽く握って、「すす～」と2回鼻から息を吸う。腕を前にして口から2回息を吐く。

③腕の前で両手を軽く握って、「すす～」と2回花から息を吸う。腕を上にあげながら2回口から息を吐く。

④胸の前で両手を軽く握って、「すす～」と2回鼻から息を吸う。「は、は～」と口から2回息を吐きながら腕を下ろす。

ポイント：息を吸うときは体を固め、吐くときは体を緩める。

呼吸の準備運動によって体も心も目覚めていきます。

呼吸の準備運動

この後は、体をほぐしていきます。
体をほぐすときは、まず心臓に近い「左側」を、次に右側の順で行います。

足の準備運動

①左足を前に蹴って、後ろに蹴って、前に蹴って、後ろに蹴る（2回ずつ）。
②後ろに蹴ったかたちのまま左右に「ぐるぐるぐるぐる」「ぐるぐるぐる」と足首を回す。右足も同じようにする。

ポイント：どこにもつかまらずバランスを取りながらやる。体調が悪いとバランスが崩れるので、日常的に行うことで、その日の自分の体調を知ることができる。

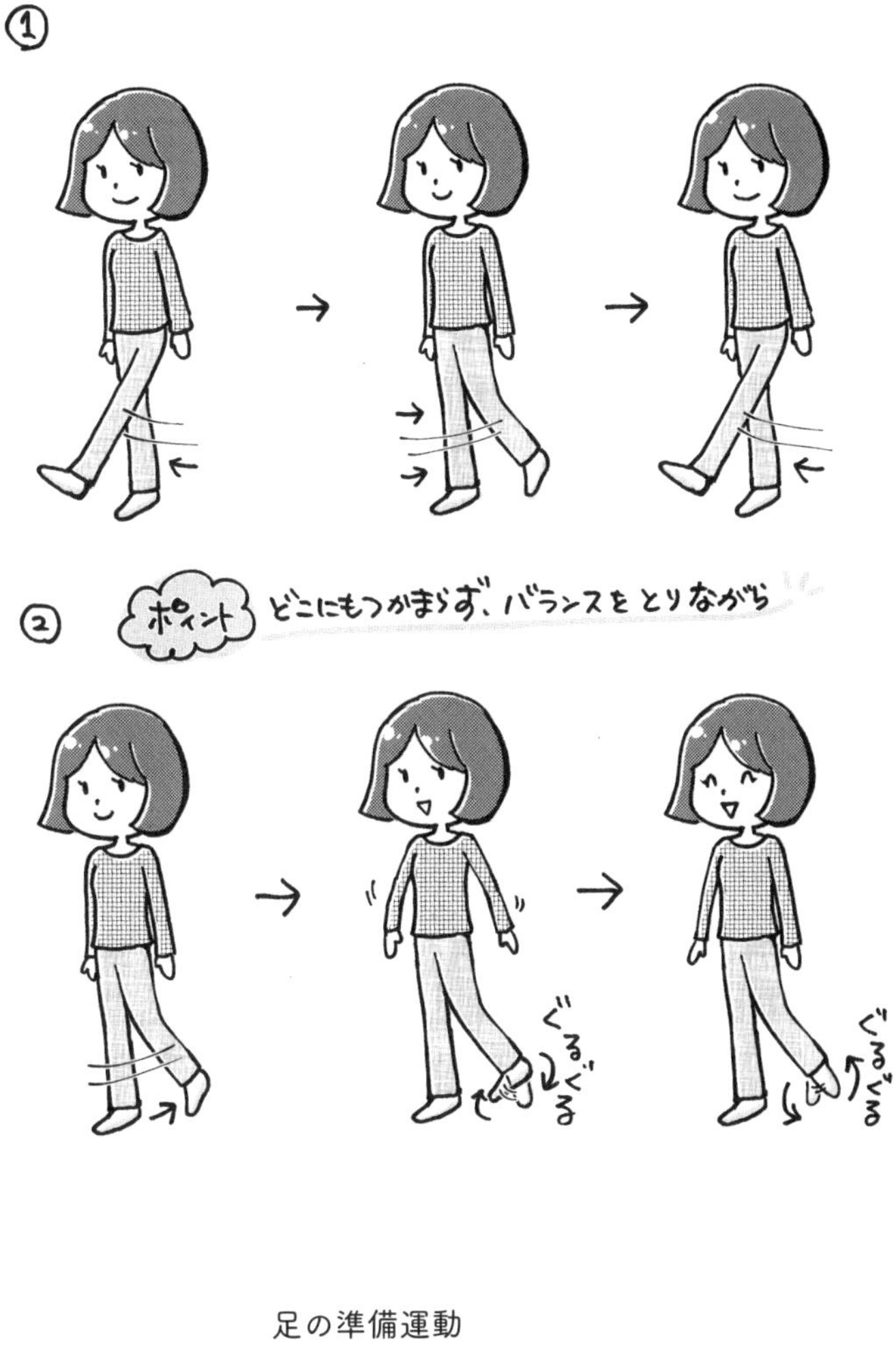
①
②
ポイント
どこにもつかまらず、バランスをとりながら
ぐるぐる
ぐるぐる

足の準備運動

肩の準備運動

①肩甲骨を意識して肩を後ろに回す。（ゆっくり動かすことが大切）
②肩甲骨を意識して肩を前に回す。（ゆっくり）
③肩甲骨を意識して肩を後ろに回す。（ゆっくり）
後ろ↓前↓後ろ

ポイント：腕を回すのではなく、肩甲骨を意識して回す。後ろ回しが中心。

肩の準備運動

首の準備運動

①少し下を向き後頭部と首の間にある凹みの部分に指を1～2本押し当てて、指を回す。回すときに息を吸う。

②指をくぼみに押し当てたまま息を止め、上を向いて息を吐く。

※時計回り、反時計回りの両方を行う。

③頭全体を軽くもみほぐす。

耳の準備運動

①親指と人差し指の股で両方の耳を挟んでじっくりと揉みほぐす。

※眼鏡をかけている人は外してからやる。

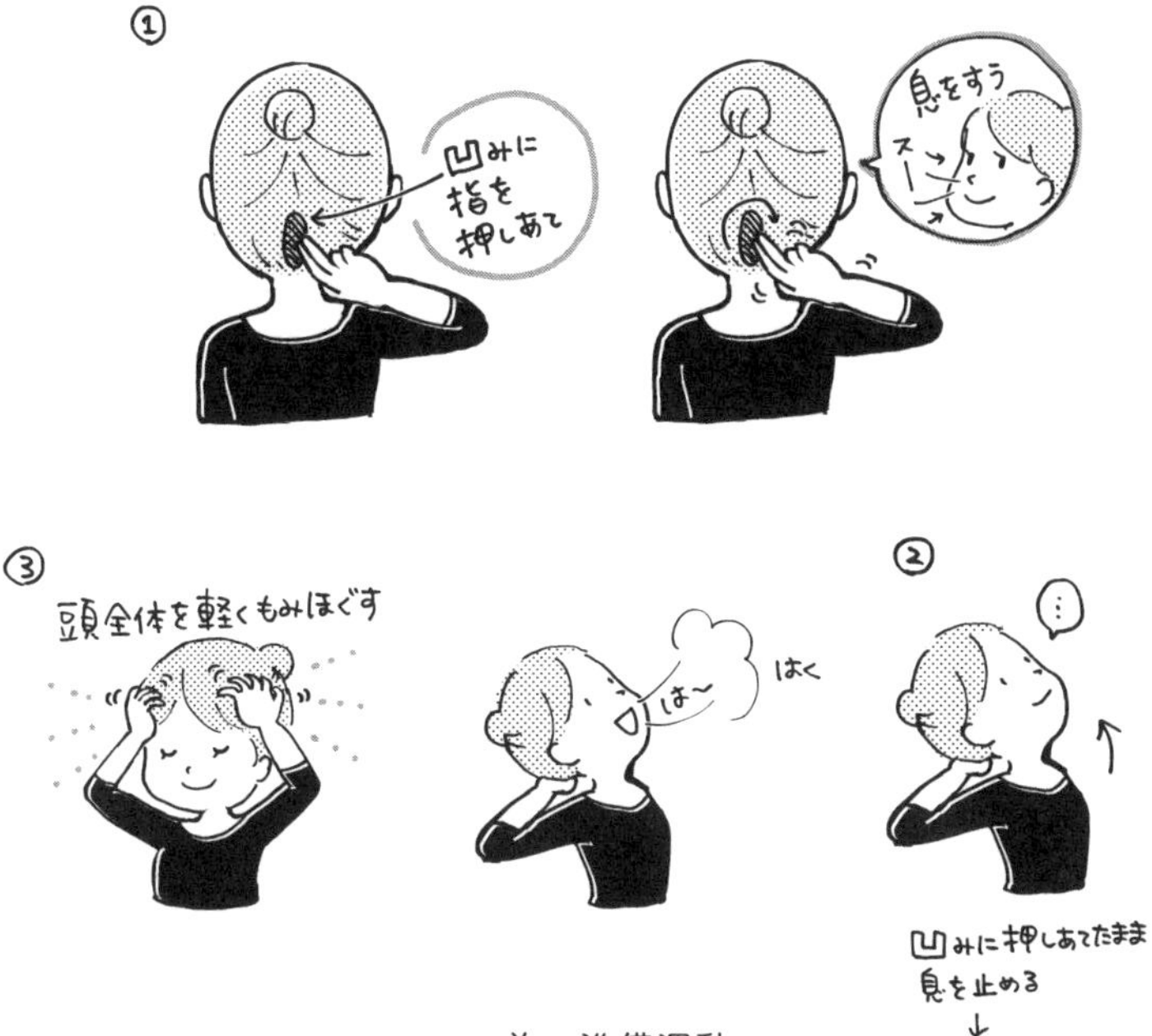

首の準備運動

耳の準備運動

体の準備運動

①足の指先から順番に、上半身に向かって全身が固まって石になっていくようなイメージをして、体をギュッと固める。

②全身を固めたら、今度は頭のてっぺんから反対に緩めていく。

③だらんと力を抜いてクラゲになったように体をゆする。

ポイント：力を入れるとき、自分が石になったイメージをする

体を固めて緩める準備運動は免疫を上げ、体を活性化させるのに役立ちます。

ここまでで体が温まってきたら次に移りましょう。

①
ぎゅ
足から固まっていく
コチ
カチ
石化していくような
イメージ
②
ふわっ
頭から
ゆるめていく
石化魔法
解除!
ふわ
③
だら――ん
ゆら
ゆら
ゆら~~

体の準備運動

足の準備運動

①椅子に座って、親指から順番に、指の間を前後に広げる。
②指と指を一本ずつ割くイメージで上下に動かす。
③片方の足をもう片方の腿に乗せ、足の裏をまんべんなく指圧し、ツボを刺激する。
④片方の手を足の指の間に入れて、左右30回ずつまわす。
⑤両足で立ち、左足と右足の違いを感じる。
⑥①〜④を右側でも同様に行う。

足首をほぐすと、体全体が柔らかくなります。
体がポカポカしてきます。

指を1本1本ほぐす
前後に
左右に割くイメージで
足の裏をまんべんなく指圧
片方の手を反対側の足の指に入れて
ぐるぐる
左右30回ずつ回す
右は…
左は…

足の準備運動

《丹田呼吸法》

イライラくよくよしない！　ブレス・メーキング・メソッド

丹田呼吸法　5拍呼吸

ここで最初にお伝えする呼吸法は、丹田を意識して、お腹を膨らませたり凹ませたりする腹式呼吸のことです。ゆっくりと5拍数えて鼻から息を吸い、5泊数えて息を止めそして口から吐く呼吸法で、これを3セット行います。

リズミカルにやるのではなく、ゆったりゆっくり数えながら呼吸します。体調を整えたり、イライラしてしまう気持ち、カーッとなってしまう気持ちを落ち着かせるのにとても役立ちます。

実際にこれを毎日実践している私の生徒さんの中には、実生活でカッとなることがなくなり、感情の起伏が落ち着いた人もいる呼吸法です。

またこの呼吸法は体の神経系のバランスを調整してくれるので、神経系のバランスが崩れて起こる更年期障害を回避することも可能です。私は、これといった症状もなく、更年期障害に悩まされることは全くありませんでした。

ちなみに丹田とは、おへその下に指3本を置いて、その位置に前と横から棒を刺したイメージをしたときに、棒が交わった部分を言います。体のど真ん中になります。丹田という臓器があるわけではなく、「場所」です。

女性で言うと「子宮」の位置になります。そこを意識して、一日1回、朝でも夜寝る前でもどちらでも構わないので、できれば時間を決めてこのように深い呼吸をゆっくりやってみましょう。

丹田呼吸法　鼻呼吸

①体を少し前に倒し、体の中にある汚い空気をすべて鼻から吐き出す。

②目を閉じ、右の鼻を押さえて左の鼻からゆっくり息を吸い込む（体の中にフレッシュな空気が入ってくるイメージ）。
③一旦息を止めて、左の鼻からゆっくり息を吐き出す。
④同じように今度は左の鼻を押さえて右の鼻からゆっくり息を吸い込む。
⑤一旦息を止めて、右の鼻からゆっくり息を吐き出す。
⑥①〜⑤を何度か繰り返す。

ポイント：自分のペースで、ゆっくり息を吸い、息を止めて、またゆっくり吐き出します。

この鼻呼吸は、体のバランスを整えてくれる呼吸法です。右脳左脳の両方に片方ずつ刺激を与えて脳の働きのバランスも整えてくれます。鼻が詰まっている時には無理をせず、鼻が詰まっていない時に行いましょう。

イメージ呼吸法

丹田呼吸法を発展させたものが「イメージ呼吸法」です。

「こんな人になりたい」

「今日一日、こういう気持ちで過ごしたい」

などのイメージをしながら丹田呼吸法をすることで、「イメージした自分」でその日を過ごすことができるようになるのです。

元気になりたいから黄色、爽やかだから風の色、などイメージするのは具体的なものではなく色でも構いません。体に入ってくる空気を自分なりに決めて、なりたいイメージをして丹田呼吸法をやってみましょう（呼吸法のやり方は同じです）。

《エネルギーの流れを良くするメソッド》

いつでも落ち着いたお母さんがいい！　ボイス・ルネッサンス・メソッド

気を流すメソッド

①体を柔らかくして、呼吸法をすませると、体がポカポカして手のひらも温かくなっていきます。そこで、両手を向き合わせて音を出さない空気拍手のようなことをしてみてください。手のひらに空気を感じることができましたか。そうしたらそれをくるくるとまぁるく練るようにしてから左手を下にして両手で丹田に収めます。

②上半身は、丹田のあたりから腰に回り、背中を通って肩↓腕の順で空気が流れ、指の先からその空気が出ていくイメージ。

③下半身は、腰から太ももの後側を通って、湧泉（足の裏）から空気が出ていくイメージ。

④目を閉じて「サササササー」と言いながら、30秒ほど気が流れるのを感じます。

うまくイメージができていると、横から押されても体がふらつかなくなります。しっかり立てている証拠で、しっかり立てていると自分の気持ちもしっかりするので、自分の中に「軸」ができるイメージで実践してみてください。

緊張してしまうようなシチュエーションでも、その少し前に実践することで気持ちが落ち着き、緊張せずに事に当たれるようになります。

《なりたい自分になれるメソッド》

物事はすべてポジティブに！　アファメーション・メソッド

鏡の魔法、声の魔法

毎朝、鏡の前に立ち、鏡の中の自分に「今日、なりたい自分」の声をかけることで、その声を聞いた自分が「なりたい自分」になれるメソッドです。

例えばかわいくなりたいなら「かわいいね～」、元気になりたいときは「大丈夫～」「できるよ～」と言ってあげると、その声を聞いた自分がその通りの自分になってくれます。

こどもと一緒に鏡の前に立って、「あなたは素敵」「あなたは私の子だから大丈夫」と声をかけ、親子で「なりたい自分」になってください。

マインドチェンジ・ハミング

気持ちが落ち込んでしまったり、嫌なことばかりを考えてしまう日があるなら、マインドチェンジ・ハミングを行いましょう。

①自分の体のどこかに真っ黒な汚れがたまった穴をイメージする。
②鎖骨に響くように、低いハミング「ん～」で、穴から真っ黒な嫌な気持ちをすべて吐き出し穴を空っぽにするイメージ。
※少し口を開けるとハミングしやすい（思っているより低めでＯＫ）。
③空になった白い穴に、「いいイメージ」「なりたい自分のイメージ」を入れながら色を付け、楽しい嬉しい気持ちをじっくり味わい、頭のてっぺんから上に向かって響くように高い声でハミングを続ける。十分味わったら終了する。

◎

まぁるい声を出すときに意識してほしい3つのこと

準備運動がすんだら、いよいよ「まぁるい声」の出し方に入っていきます。
ただその前に、「まぁるい声」を出すには、次の3つのポイントを意識しましょう。
その上でレッスンに進むと、より効果的です。

①口の形は縦長に丸くして、しっかり口を開ける

「まぁるい声」を出すには、しっかりと口を開けます。日本語は口を開けなくてもとりあえず発音できてしまいますが、相手に声を届けるためにも、しっかり口を開けることがまず大切です。口を開けないとモゴモゴして言葉がはっきり届きません。

口の形は基本的に縦長に丸くします。そうすることで、相手に届ける時、声が響きやすくなるのです。例えば、体育館や教会ではよく声が響きますね。あれは天井がとても高いからです。それと同様に、口の中も天井を高くするとよく響く声を届け

ることができます。

②放物線を描くように、まぁるく届ける

人は普段、相手に向かって声を発するとき、すっと直線で発してしまいます。特に、相手に投げつけるように早口で話す人が多いのですが、そういう人は特に注意しましょう。声は、相手に対して「発する」のではなく「届ける」ものなのです。声は届けるもの。

放物線を描くように、まぁるく届けましょう。さらに、届ける声の放物線が相手の頭を超え、くるりと相手を包み込むイメージを持つと◎です！

マザーボイスアカデミー協会のロゴは、まさにお母さんの発した声がくるりとこどもをイメージした双葉を包み込んでいます。このイメージで声を届けます。すると、温かくまぁるい声が相手に届きます。

一般社団法人
マザーボイス
アカデミー協会

③鼻濁音も活用する

鼻濁音とは「がぎぐげご」を「んが、んぎ、んぐ、んげ、んご」というように、少し鼻にかけて出す音のことです。鼻にかかるため、やわらかい響きになります。使いすぎると少々耳障りですが、「誰々が……」などと言うときは言葉が刺さるように鋭くなりがちなので、こういう場合は鼻濁音を意識的に使って「誰々んが……」と言うようにすると、相手にやわらかく伝わります。

最近はほとんどこの鼻濁音が使われていません。学校で教えてもらうこともなくなったため、使っている人が少なくなったからでしょう。こども達の会話を聞いていると、普通に話しているつもりなのでしょうが、相手に刺さるように言葉を投げつけていることが多いように思います。

「まぁるい声」を出すときは、この3つを意識して使うようにすると、3カ月程度で自分の声が定着し、自然に「まぁるい声」が使えるようになります。

◎

誰でも「まぁるい声」を出せるようになる7ステップレッスン

では、「まぁるい声」を出すレッスンに入っていきます。

準備運動をした流れですと汗をかいているかもしれませんので、水分を補給し喉を潤してから進めてください。

レッスン1：喉を開く

喉が締まっていると、声が潰れたり、声がかすれてしまいます。声を出す前にまずしっかり喉を開きましょう。

簡単に喉を開くには、あくびをします。試しにやってみましょう。喉が開いている感じがわかるでしょうか？　あるいは、お医者様に喉を診ていただくときに「あ～～～」と言って口を開けますね。あの時の感じです。声がそこを通るイメージです。

合唱などで声を出して歌うときは、喉を開くことを意識するよう教えてもらったのではないでしょうか。歌うときのように喉を開いてみてください。普段普通に声を発するとき、喉を開くことを意識することはないと思いますが、喉を開くことで声帯に負担をかけずに、腹の底からのエネルギー溢れる自分の本来の声を発し、それをまぁるい声にしていくことができます。

レッスン2：腹式呼吸で息を出す

腹式呼吸というのは横隔膜を上下させて行います。ただ、これを意識的に上下させることはできません。ですから、お腹を膨らませたり凹ませたりします。

お腹に手を当てながら、試しにやってみてください。足を肩幅くらいに開き、まっすぐに立って、窓に「ハーッ」と息を当てるようなイメージで、あるいは犬が舌を出して「ハッ、ハッ」とやるように、息だけで「ハッ、ハッ、ハッ！」です。

人によって、お腹を引っ込めたほうが出しやすい人、お腹を膨らませたほうが出しやすい人がいますので、やりやすいほうでやりましょう。

「ハッ、ハッ、ハッ！」ができたら、最後の「ハッ！」を少し強めに出します。

＊長くやっていると酸欠になって、頭がくらくらしてくることがあるので、慣れるまでは無理せず休憩しながらやってみてください。

レッスン3：最後の「ハッ！」に声を乗せる

腹式呼吸の動きができたら、次に3つめの「ハッ！」に声を乗せます。自分が持っている全力の声を乗せましょう。腹の底から湧き上がるような声です。決していい声ではありません。むしろドスの利いた声です。周囲を気にせず（気になるなら場所を選んで）思い切り出してください。

ここで注意していただきたいのは、喉を締めないことです。気になる場合は、もう一度レッスン1を意識して、喉を開いた状態でやってみてください。

自分でも驚いてしまうほどのドスの利いた声が「ボン！」とでてきたとしたら、それが「あなたの本来の声」です。生命エネルギー溢れるあなたが元々持っている真実の声です。決して綺麗な声ではありませんが、これが出せると、とても心地よくなります。

レッスン4：乗せた声を伸ばす

力強いエネルギー溢れる本来の声が出せるようになったら、同じ要領で今度は最後の「ハッ!」を「ハーーッ!」というふうに伸ばしてください。このときも、きたない声のままです。エネルギー溢れる声をただ伸ばすだけです。向こうの壁にぶつけるようなイメージで出していきます。

レッスン5：相手を包むように声を出す

きたない声のままで構わないので、その声を伸ばし、飛ばせるようになったら、今度はその声が相手を丸く包み込むようにイメージして声を出しましょう。

３メートルくらい先に相手がいるとして、あなたの声が相手の頭の後ろを通ってくるりと包み込む感じで声を出すのです。これを意識することで、綺麗な声を出そうとしなくても汚い声が温かい声に変わり、まぁるく相手に届くようになります。

やってみましょう。

レッスン6：言葉を丸くする

日本語はどの言葉も伸ばすと「あいうえお」の５つの母音でできています。ここまでのレッスンでまぁるくできた声に、しっかり口を開いて、母音の口の形を丸くして言葉を乗せていきます。

「あ・う・お」はしっかり口が開いていれば、そのままで大丈夫です。

「い・え」は、ほっておくと横に開きますので、「い」は「う」の口で「うーいーうーいー」と練習して、丸い口の「い」を作りましょう。「え」は前歯の裏に舌をつけると丸く発音できます。

日本のわらべうたは、最後の母音をゆったり伸ばすことで、こどもの心に温かく優しく届きます。ゆっくりと母音を伸ばすことを意識してわらべうたを歌ってみましょう。音程は気にしない。口の形に気をつけて。

たとえば「ももや」を、一つ一つの母音を意識して、ゆっくりうたってみます。

も～もや　ももや～
ながれは　はやい～
せんたくすれば～
きものがぬれる～
ハァ～　どっこいしょ

音声 QR

注意していただきたいのですが、集中すると人は真剣な怖い顔になってしまいます。

笑顔を意識しながらやりましょう。

言葉を乗せる前と同じく、最後の言葉を、相手を包み込むようにまぁるく意識してください。

レッスン7：日常の言葉でまぁるい声を出す

母音でまぁるい声を出せるようになったら、「こんにちは～」「おはよう～」「ありがとう～」などの日常でよく使う言葉でやってみましょう。

このときも、最後の母音で相手を包み込むように声を出します。いちばん大事なのはまず喉を開くことです。意識してほしいことでお伝えした鼻濁音も忘れず意識してくださいね。

日常の言葉で自然とまぁるい声が出せるようになってきたら、声を「遠くに飛ばす」「少し近づく」「もっと近づく」「目の前」……など相手の距離が近づいてきているのをイメージして、声のボリュームを変えつつやってみましょう。母音を伸ばさなくても、喉を開いたまま普通の会話が「まぁるい声」になってきます。

◎さらに「まぁるい声」を出しやすくなる2つのエクササイズ

表情筋エクササイズで「笑声」を出そう

まぁるい声を出すときには笑顔が大事、ともお伝えしました。

実は「笑声」と言って、笑顔で声を出すと、自然に明るい澄んだ声になります。

まぁるい声が笑声になるように、表情筋エクササイズの方法も併せてお伝えしておきましょう。指と絵本を使います。

①頬骨のあたりを指でぐりぐりともみほぐし、
表情筋を柔らかくよく動くようにする。
②口角を上げたり下げたりして、口の周りの筋肉もよく動くようにする。
③『かおかお　どんなかお』（こぐま社）の絵本を使って、

指摘通りの顔をして真剣に遊んでみる。

普段からあまり感情を顔に出さない人は、特に表情筋が硬くなっていますので、丁寧に揉みほぐして顔の表情がよく動くようにしてからやってみてください。

滑舌エクササイズで「まぁるい声」をはっきりと届けよう

さらに、まぁるい声がはっきりきちんとこどもに届くよう、滑舌も一緒に良くしておきましょう。

これは舌の筋トレと早口言葉で鍛えます。ただし早口言葉はとても言いづらい言葉ばかりなので、早く言うのではなく、まずは簡単なものから、ゆっくり何度もやって正確に言えるようにします。正確に言えるようになったら、少しずつ早口にしていきます。

ここでは、早く言えるようになるのが目的ではないので、ゆっくり正確に言うことを目的に舌の筋トレを楽しんでください。

こどもと一緒に楽しんでやっていると、いつの間にかどんどん早口で言えるようになってしまいますよ。

料理をしている最中などの「ながら作業」でもできるので、ぜひやってみましょう。

まずゆっくり言葉を言う前に、舌の筋トレです。口の中で上下左右に舌を動かします。歯茎の上を舐めるようにぐるぐる動かします。

それではゆっくり言葉をどうぞ。

初級

①青巻紙　赤巻紙　黄巻紙

②赤パジャマ　黄パジャマ　茶パジャマ

③かえるぴょこぴょこ三ぴょこぴょこ　あわせてぴょこぴょこ六ぴょこぴょこ

④この竹垣は　竹立てかけにくい竹垣だ

⑤お綾や　八百屋に　お謝り

中級

①うちのつるべは　潰れぬつるべ　隣のつるべは　潰れるつるべ

②瓜売りが　瓜売りに来て　瓜売れず　売り売り帰る　瓜売りの声

③打者　走者　勝者　走者一掃

④大皿の上に　大よもぎ餅　小皿の上に　小よもぎ餅

⑤空虚な　九州空港の　究極　高級　航空機

上級

①書写山の社僧正　書写山の社僧正　させしすせそさそ　させしすせそさそ

②京の生鱈　奈良生まながつお　生麦　生米　生卵

③よぼよぼ病　予防病院　予防病室　よぼよぼ病予防法

④歌うたいが　歌うたいに来て　歌うたえと言うが

歌うたいが　歌うたうだけうたい切れば　歌うたうけれども
歌うたいだけ　歌うたい切れないから　歌うたわぬ

⑤
美術室　技術室　手術室
美術準備室　技術準備室　手術準備室
美術助手　技術助手　手術助手

いかがでしょうか。ゆっくりでも最初はなかなか難しいですよね。じっくり何度も繰り返してみてください。必ずゆっくり言葉が早口言葉に変わります。

そして舌の筋トレと早口言葉で滑舌が良くなると、言葉もつっかえなくなりますし、絵本を読むときにも言葉がはっきりと伝わりやすくなります。

◎日常生活で「まぁるい声」を使おう

「まぁるい声」が身に付いてきたら、日常の暮らしの中で使っていきましょう。

まずは朝のあいさつから。

ここは意識してしっかりまぁるい声を届けてくださいね。朝の第一声ですから、鳥の声ならぬ母の声で、元気に一日のスタートを切りましょう。

まず喉を開いて、最高に爽やかな声で、心を込めて

「○○ちゃん、おはよう！」

「○○ちゃん、いってらっしゃ～い」

そして、対になる言葉としてこどもが帰ってきたときの、

「○○ちゃん、おかえりなさい」

たったこれだけです。

どの言葉もとても短いあいさつ言葉ですが、毎日毎日繰り返されるため、思いや愛情がこどもにしっかり伝わり、心に深く刻まれます。

心をこめて、まぁるい声でこどもの名前を呼んでください。こどもは、まぁるい声で名前を呼ばれるだけで、お母さんの愛を確信します。この確信によって、決して大げさではなく、この名前を呼ぶ母の声が、潜在意識に深く刻まれ、こどもが生きていく上での大きな心の支えとなります。

第5章

まぁるい声が、子育ての悩みをすべて解決する！

◎愛が伝わる最高のひと時。「絵本の読み語り」

母の愛がこどもに伝わる黄金のひと時。それは、絵本タイムです。

現代の子育てでは、お母さんがこどもに絵本を読むことは当たり前になってきています。しかし、何のために絵本を読むのかを理解している方は少ないでしょう。「こどもに絵本を読むことは良いらしい」ということだけが広まり、あまり絵本に興味のないお母さんたちも「読んであげなくては……」と半ば強迫観念に駆られて読んでいるように見受けられます。

お母さんたちに絵本を読む理由を尋ねると、「頭のいい子に育てるためには絶対に必要らしい」「言葉をたくさん覚えることができるらしい」「視野が広がるらしい」または、「本当はあまり読みたくないけれど読まなくちゃ」「私も母親に読んでもらったから読んであげよう」など、みんながいいと言っていたからとか、少し後ろ向きな理由、あるいは自分がしてもらった経験を挙げられる方がほとんどです。

これらはある意味、どれも間違ってはいません。間違っていませんが、本来、読み語りに大切なことは、「こどもに愛情を伝える」ことです。

良い絵本にはこどもの心を育む力があります。絵本の内容がそのこどもの考え方や生き方のベースになっていくのです。

キャラクターを使ったキラキラした絵本は、こどもも喜びますし、プレゼントでいただくことも多いでしょうが、大きくなってからも心に残るかというと、そうではないでしょう。

半面、装丁などは地味でもこどもの成長を促してくれる絵本は、こどもの心にダイレクトに響きます。こどもは絵本を通して、自分の心の中に新しい世界を作ったり、自分の心と向き合うことができるのです。潜在意識の中に物語が入り込んでいきます。

また、現代では、大人のための絵本も多く作られています。

大人のための絵本は、すべてではありませんが、こどもに相応しくないものもありますので、私たち子育てに関わる大人がその違いを見抜く力も必要になってくるでしょう。

良い絵本はこどもの成長を促してくれるものであり、それは絵本作家という芸術家がこどもたちのために心をこめて描いた芸術作品なのです。ですから絵本タイムは、こどもにとってはじめての芸術体験となり得る時間で、その芸術体験がこどもの豊かな感性を育んでくれます。

後ほどお話しますが、長女が色にこだわって美しい色合いを求めるようになったのは、はじめての芸術との出合いが、ディック・ブルーナさんの描くビビッドでシンプルな美しい色で描かれた『うさこちゃんとうみ』だったからではないかと思っています。

◎

絵本タイムはお母さんからこどもへの「愛情タイム」

この本を読んでいるお母さんの中には、もしかしたら絵本はこどもが自分で読むものだと思っている方もいるかもしれません。

でも、それは間違いです。

絵本は自分で読むものではなく、まず〝読んであげるもの〟です。いくら字がわかるようになったからと言って、こどもに自分で読みなさいというのは大きな間違いなのです。

それはなぜか、もうわかりますね？　お母さんが読んであげなければ、こどもに愛が伝わらないからです。そして、こどものための良い**絵本は大人がこどもに読んであげるものとして作られている**からです。**絵本と読み語りは基本的にセット**です。

最も大事なことは、「絵本タイム＝愛情タイム」と考えることです。その子のために楽しい物語を声に乗せて届ける時間。愛情がないとできませんよね。

絵本が大事、子育てには絵本が必要……といった知識は確かにあります。そして真面目なお母さんほど、「読んであげなくちゃいけない」という義務感に駆られます。でもそうなると、こどもにも「聞かなきゃいけない」という義務感を押し付けてしまいます。「私が読んであげるから、聞きなさい」となってしまうのです。絵本の楽しさではなく、お母さんの義務感が声に乗ってこどもに伝わってしまいます。そうなるとこどもは絵本が嫌いになります。

本来、絵本は「あなたのためだけに読んであげるよ」というものです。こどもに愛情のすべてが注がれる、とても幸せな時間です。

絵本タイムは愛情タイム。親子の最高の時間だと考えましょう。「まぁるい声」を手に入れて、こどもと一緒に絵本を楽しむ気持ちで読んであげてください。

するとこどもにとって絵本の時間は、愛情たっぷりの声が、楽しい物語を連れてきてくれる時間になります。

◎ 愛を伝える方法は、絵本選びから始まっている!?

昨今は出版数も膨大になり、絵本もさまざまなジャンルのものが発行されています。数が多いということは、それだけ良い絵本を選ぶ判断が難しくなっているということでもあります。

ですから絵本を選ぶときは、絵本としての評価が定まっており、また長年、こどもたちに支持され、読みつがれてきた〝絵本の古典〟とも言うべき本から始めましょう。

そういった本は、本屋さんで平積みにされていたりしない場合が多いのです。

できれば絵本の専門店へ行ってみてください。そういうところにこそ、こどもの心を育む本がたくさん置かれています。

「こういう本がいいですよ」

「これが長年愛されていますよ」

など、専門店の書店員さんと仲良くなると、得るものがたくさんあるでしょう。こどもと一緒に行って「これが欲しい！」とねだられても、安心して購入できます。

楽しく絵本を読んでいたらいつの間にか賢くなっていた、心が育まれていた――良い絵本とは、そんな絵本のことです。

良質な絵本選びのポイントとは？

① 初版から30～50年以上経過。世代を超えて読みつがれてきた古典とも言うべき絵本

今のようなこどものための良質な絵本が出版されるようになってから、50年以上が経っています。言い換えると、まだ50年しか経っていないのです。

日本で最初に優れたこどもの絵本が普及し始めたのが１９５０年代後半から１９６０年代です。その頃から海外の良い絵本が翻訳され、日本の作家さんがどんどんいい絵本を作るようになりました。

本を選ぶときは最終ページの奥付にある「初版の発行年月」を確認しましょう。そこに１９６０年代のものがあれば、それは古典と言われるものです。ちょっと古びて見えるかもしれませんが、間違いなく素晴らしい力を持った絵本です。

白黒で地味に見えるものもありますが、読みつがれてきた絵本にはこどもを育む大きな力があります。シンプルなほうがこどもの想像力を駆り立てます。その過程で自然と創造力や空想力を育んでいきます。


〈古典と言われるおすすめ絵本の例〉

『ぐりとぐら』なかがわりえこ　作　（幼児向け）
『もりのなか』マリー・ホール・エッツ　作　（幼児向け）
『かいじゅうたちのいるところ』モーリス・センダック　作　（幼児から小学生）

②物語、昔話、言葉遊び、わらべうた、図鑑など、さまざまなジャンルから選びましょう

絵本というと、「絵と文字のある物語の本」というイメージがあるかもしれませんが、それ以外にも昔話絵本、言葉遊び絵本、わらべうた絵本、字のない絵本など多様なジャンルが広がっています。図鑑なども「絵本」のジャンルとしておすすめしています。図鑑というと絵本ではない気がするかもしれませんが、男の子は特に好きですし、字が小さいので「お母さん、読んで」となります。今は図鑑もかなり多彩になってきましたので、こどもが興味を示す好きなものを選んでお付き合いしてあげてください。

他にも、長新太さんの『キャベツくん』などは、大人からすると「なにこれ？」となるようなナンセンスなものですが、長く読みつがれてきていますし、こどもの心をわしづかみにしてくれる本です。
このように今は絵本のジャンルも増えました。物語だけにとどまらず、さまざまなジャンルから良質な絵本を選びましょう。

〈物語絵本以外のおすすめ絵本の例〉
『いもむし　ごーろごろ』こばやしえみこ　作　（わらべうた）
『おふねがぎっちらこ』柚木沙弥郎　作　（わらべうた）
『いないいないばあ』松谷みよ子　作　（赤ちゃん絵本）
『ころころころ』元永定正　作
『もけらもけら』山下洋輔　作
『だるまさんが』かがくいひろし　作　（ナンセンス）
『三びきのやぎのがらがらどん』マーシャ・ブラウン　作　（昔話）
『てぶくろ』エウゲーニー・M・ラチョフ　作　（昔話）

『キャベツくん』長新太　作　（ナンセンス）

③絵だけでストーリーが伝わる物語絵本

本来、絵本は「絵の本」と書くくらいですから、絵だけで物語を伝えてくれるものです。優れた絵本は、まったく字がなくても（字を隠して読んでも）絵だけで物語が伝わってきます。そこから自分でストーリーを読み取ることができるのです。

これは絵本選びのときぜひやってみてください。

まだ字を覚えていない年頃のこどもがいるお母さんの場合、絵が物語を伝え、お母さんの声が言葉を運んでくれる体験を毎日していると、小学校に上がって字を覚えたときに、文字が言葉を伝えることの発見がものすごく大きな感動となってこどもに訪れます。本来文字はそんな感動を伴って覚えていくものなのです。

〈絵だけで伝わる絵本のおすすめ例〉

『はじめてのおつかい』筒井頼子　作
『どろんこハリー』ジーン・ジオン　作
『こすずめのぼうけん』ルース・エインズワース　作
『いたずらきかんしゃちゅうちゅう』バージニア・リー・バートン　作

④物語絵本の場合、ストーリーがハッピーエンドのもの（9歳までのこども対象）

こどもの物語は基本的に「往きて帰りし物語」であることが大切であると言われています。

簡単な言い方をすると「ハッピーエンド」です。安易な「ハッピーエンド」がいいわけではありませんが、冒険にでかけた主人公がどんなに大変な目にあっても、最後は必ず家に帰ってくるようなストーリーです。

そして、ハッピーエンドではない物語が悪いわけではありません。でも、それを9歳までのこどもが読んだら「世の中はなんて理不尽で悲しいんだ」「人生はどんなに楽しいことがあっても最後は悲しいことになる」という思いが残ってしまいます。それが怖いのです。

9歳までは「人生は絶対に、楽しい・嬉しい・面白い」の気持ちを育むことが大事なので、ハッピーエンドのお話を選んであげてください。最後に「良かったね！」と安心できるものです。どうやって人は生きていくのか、という大事なことを育んでくれる物語です。

ここでは9歳までは避けたほうがいい作品としていくつかの例を挙げますが、決して作品そのものが悪いわけではありません。むしろ、本当に素晴らしい絵本です。10歳を過ぎると理不尽な話でも受け止められるようになるので大丈夫です。

〈9歳までは避けてもらいたい絵本の例〉
『ごんぎつね』新美南吉　作
『スーホの白い馬』大塚勇三　作
『つるにょうぼう』矢川澄子　作

また、キャラクター本やアニメ絵本、雑誌、しつけを目的とした絵本はこどもを育む絵本とは一線を画すものなので、基本的には選ばないようにしましょう。

こちらも、キャラクター本やアニメ絵本、雑誌を否定するわけではありません。絵本とは別物として楽しんでいただきたいのです。

◎ 絵本を読むときに注意してほしい5つのこと

良い絵本を選び、読んであげることになったときに、注意してもらいたいことがあります。

次の5つのポイントでお伝えしましょう。

本嫌いにする読み方をしない

こどもを本嫌いにしてしまう読み方というものがあります。

一言で言うと「下心を持って読むこと」です。

例えば、

「子育ての義務感で読む」

「寝かせるため仕方なく読む」

「読んだあとに内容を確認する」

「絵本をしつけに使う」

「字や数字を教え込む（教育に使う）」

こういったことを絵本の目的にして読んではいけません。お母さんのその思いは、こどもに伝わってしまいます。また、そういう本もあるので、注意が必要です。

絵本は「楽しい・嬉しい・面白い」ものとして読んであげてください。こどもと絵本を読むことが本当に楽しい、とお母さん自身も思うことが大事です。**トイレトレーニングでも、絵本を楽しむことで楽しんでトイレに行くようになります。**強制的にではなく、絵本を読むことで自然としつけになるのです。だから勘違いが起こるのですが、決してしつけをするために、絵本を読まないでくださいね。

「今日はダメ」と思う日は読まなくてもいい

絵本を読むときに大事なのは「まぁるい声」です。

お母さんの感情は、必ず声に出ます。そして、こどもはそれを敏感に察知します。

日々の暮らしの中、イライラして今日はダメだという日もあるでしょう。気持ちを切り替えることができなくて、絵本を「楽しい・嬉しい・面白い」で読めない日は、休んでもいいのです。

「ゴメン、今日はお母さんイライラしちゃってて読めない。明日、必ず読んであげるから待っててね」そう伝えれば、こどもはわかってくれます。そして、その約束は必ず守りましょう。

過去に、私の絵本講座に参加されたお母さんの中に「今、子育てで絵本を読んでいるけど、私自身はこどものころに絵本を読んでもらうのが苦痛だった」という人がいました。本来こどもは絵本を読んでもらうことが大好きなはずなのです。

そこでよく聞いてみますと、決して楽しそうに読むことはなく「読んであげるのだから聞きなさい」という感じだったそうで、講座で私の話を聞いて「読んでもらうその時間が苦痛でたまらなかったのは何故なんだろうとずっと思っていたのですが、今やっと理由がわかりました」とおっしゃっていました。

その人のお母さんは教育ママで、こどもの教育には絵本が大事とばかりに義務で絵本を読んでいたことがわかったのですね。

義務やイライラ気分で絵本を読むと、それがこどもには伝わります。今日はダメだと思ったら、思い切って読むのをお休みしてもいいのです。

こどもにとって絵本は実体験とイコール

絵本の内容がこどもの潜在意識に深く入り込む、とお伝えしましたが、こどもにとって絵本の世界は「実体験」とイコールなのです。これは客観性のある大人にはわかりにくいかもしれません。

面白いと感じたら、こどもは自分がその世界にいる気持ちになります。例えば、幼稚園で先生が鬼と遊ぶ絵本を読んでくれたとすると、「お母さん。今日、鬼と遊んだよ！」と言うわけです。そういったときには「嘘をつくんじゃないの」と言わず、「どんな鬼と遊んだの？」と返してあげてください。

基本的にこどもは嘘をつきません。もしも嘘をついたとしたら、大人がこどもに嘘をつかせたのです。もしくは、自分の心を守るためにこどもは嘘をついてしまったのです。

こどもは異世界への扉が開いているので、物語の世界を信じ込んで、その世界を現実と同じように感じてしまうのです。ただ、入り込んだ世界から帰ってこないといけませんよね。そのためにも、「往きて帰りし物語」を選ぶことは大事になります。

上手に読むより楽しく語る

絵本を読んであげるときに、「上手に読まなければいけない」と思うお母さんが多いのですが、まったくそんなことはありません。むしろ、「上手＝つっかえないでスラスラ読もう」とするあまり、抑揚のない平坦な読み方になってしまう可能性もあるので注意が必要です。

上手に読もうとすると、その気持ちが声に乗ってしまうのです。絵本の面白さや楽しさが伝わるのではなく「お母さんは上手に読んだ」と伝わるだけで、「面白い絵本だった」とは受け取ってくれません。物語が心に残らないのです。

絵本は、第一声が大事です。「この本が面白いかどうか」をこどもは第一声で判断します。

例えば、『じごくのそうべえ』（童心社）の出だしは、こう始まります。

「とざい、とうざい。かるわざしのそうべえ、一世一代のかるわざでござあい」

これは、前口上と言って、芸事の実演・実技の始まる前に述べる口上なのですが、これを平坦に言っては口上になりません。せっかくの楽しい絵本が台無しになってしまいます（この絵本はとても面白いのでおすすめです）。

絵本を読んであげるときは、〝読む〟よりも「語る」イメージです。読むことは活字を追うことで、語ることはイメージをこどもの心に届けることになります。お母さんも絵本の世界を心から楽しんで語りましょう。

少しくらいつっかかってもいいのです。あたたかい気持ちがこどもの心に届くように、楽しく語ることをイメージして読んであげてください。絵本タイムは愛情タイムなのですから。

読んであげるときは喉を開く

絵本を読む声は自分の体の中にも響きますので、絵本の言葉は全部自分に返ってきます。ですから、喉を開いて、よく響く声を意識してから、心をこめて絵本を読んであげると自分自身も癒されて心がスッキリします。絵本タイムはこどもが楽しむだけではなく、読んであげたお母さん自身をも幸せにしてくれるのです。

◎言葉を声に乗せるときはイメージが大事

お母さんが絵本をこどもに読んであげるときに、とても大事なのが「イメージ」です。その言葉が持っているものが、お母さん自身の中でイメージできているかどうか。イメージできていれば、声に乗ってそのイメージがこどもに届きます。逆にそれができていないと、活字を読むだけになってしまいます。

例えば「たまご」と言ったとき、自分の中で「小さな卵」なのか「大きな卵」なのか。大きさまでイメージして読んでいるのか。あるいは、単に「たまご」と書いてあるからそう読んでいるのか。これで伝わり方がまったく変わります。**これが、「声の力」です。**

絵本は当然ながら絵がありますね？　だから、つい伝わるだろうと安心してしまうかもしれません。

でも、そうではないのです。絵から伝わってきた物語をストーリーとして声に乗せ、声によって一体化させること。一つひとつの言葉をイメージして読むことが大事です。「大きな卵でした」という一文も、自分の中で「大きな卵」のイメージがあって、それをイメージしながら「おお～きな卵がありました！」と読むと、こどもの中にもそのイメージが立ち上がってきます。

これは絵本だけの話ではありません。普段会話をするときでも、お母さんがちゃんと言葉や場面をイメージしているかどうかでこどもへの伝わり方が変わります。心の状態を良くするのも、すべてイメージの力なのです。

同じ物語でも、読む人によって伝わり方が違います。その人の解釈とイメージによって変わるのです。あなたもお母さんとして、自分の思いを乗せて伝えてあげてください。

◎私とこどもたちとの絵本タイム

私は、こどもに絵本を読み、物語を語ることを子育ての中心にしてきました。

こどもたちが赤ちゃんのときから始めて、こどもがもう読まなくていいと言い出すまで続けてきたのです。うちの子の場合は中学1年生まででした。

今から37年前、長女が7カ月の頃は、今のように絵本が溢れていたわけではなかったので、私が中学時代に出合ってその美しさに感動したディック・ブルーナさんの『うさこちゃんとうみ』（福音館書店）など、うさこちゃんシリーズを読むことから始めました。長女は、この中の貝殻が画面いっぱいに描いてあるページが好きで、「かい〜、かい〜」と何度も言葉を発するようになっていきました。彼女は色が大好きで、500色色鉛筆をコレクションにしたりするようになり、今ではカラーセラピーの資格もとっています。今思えば、うさこちゃんの絵から色の楽しさに目覚めたのかもしれません。赤ちゃんの時からの豊かな芸術との出合いは本当に大切なのですね。

今では「ブックスタート」というものがあり、赤ちゃんからの絵本体験が誰でもできるようになりました。当時はありませんでしたが、今は日本中どこの自治体でも「ブックスタート」を始めているようです。

赤ちゃんが生まれると自治体が絵本をプレゼントしてくれるのです。子育てには絵本が大切ですよ、と教えてくれるようになりました。これはとても良いことですね。

でも、単にプレゼントしてくれるだけではなく、「絵本は愛情を伝える大事な時間である」ということがブックスタートからお母さんたちに広まるとさらに良いのではないかと思っています。

末っ子長男が2～3歳の頃は、絵本を持ってきて「読んで」と言ったら何をしていても途中でやめて、その場にぺたんと座ってお膝にのせて読んであげました。

読んでほしいというその時の思いを大切にしたかったのはもちろんですが、その時間が、どれだけこどもの心を豊かに育てるか、ということが私にはよく分かっていました。ですから、絵本を読む時間を何よりも優先したのです。

この時間を取ることで、私の愛は確実にこどもたちに伝わると信じていましたから、自分がどんな状態のときでも気持ちを切り替え、心を込めて絵本タイムを大切にしてきたのです。

本が生活の一部になった長男

長男の絵本のエピソードはたくさんあるのですが、中でも私がいちばん驚いたのは、大きくなって彼女ができると、彼は自分が幼い頃に読んでもらった絵本を探してきて、これを知っているかと彼女にたずね、知らない場合は解説して共感を促していたのです。

息子は最近結婚したのですが、お嫁さんとなった彼女を初めて我が家に連れてきたときも、やはり絵本を探し、その話題で盛り上がっていました。

こんなふうに絵本をベースに、息子は本好きに育ってくれました。彼にとって、本はごく自然にあるもの。生活の中になくてはならないものになったようでした。

会話はいつも本のことであふれ、知識も感覚もとても豊か。そして話題がいつも豊富です。私自身もそうですが、息子を見ていると、本の世界がどれだけ人生を豊かにしてくれるものかということが本当によくわかります。

一番好きな絵本に出合わせてくれた次女

次女が5歳のころ、彼女が選んだ絵本は、私が選ぶ絵本とは異なる新たな絵本の世界を広げてくれるものでした。

そして、数ある絵本の中で私がいちばん好きになった絵本は、次女が出合わせてくれたモーリス・センダック作『かいじゅうたちのいるところ』（冨山房）です。この絵本との出合いはこどもの本の認識を覆す衝撃的なものでした。

はじめは「こんな絵が好きなの？」とちょっと驚きつつ読み進めたのですが、ストーリーは心の奥底に静かに入り込み、絵のインパクトも強烈で、心の中にグイグイ入ってくるのです。読後はこの絵本の世界の豊かさに「ほ〜っ」とため息をつき、しばらくの間ぼんやりしていたのを覚えています。

当時はまだこどもの本としての評価が定まっていませんでしたが、こどもたちの人気はその頃から高く、今ではこどもに読ませたい絵本としてその名が世界中に知られています。センダックは、こどもの心の世界を見事に描く絵本作家さんでした。お母さんたちにも楽しんでいただきたいですね。

次女は現在、小学3年生と5年生になる2人の男の子を育てています。この子たちを育てる過程で、年齢ごとに自分が楽しんできた絵本を少しずつ取り揃え、毎晩絵本タイムをごく当たり前のように楽しんでいるようです。

絵本は、こうやってこどもから孫へと伝わっていくのですね。

こどもを育てる中で大切なのは、伝えること、つまり「伝承する」ことです。

私たちは、常に伝承の途中にいます。祖先から受け継いだ大切な何かをどう次世代へバトンタッチしていくのか。それを考えるゆとりがお母さんにも必要ではないかと思っています。

お母さんのこどもに与える影響は、本当に大きいですからね。

◎こどもの成長に必要なことはこどもたちが教えてくれた

さて、我が子姉弟3人、同じ絵本を楽しむと同時に、それぞれの好みの絵本を一人ひとりと楽しんできたおかげで、3人とも本の大好きな大人に育ちました（絵本タイムはこどもに愛情を伝える時間です。ですから一人ひとりに読んであげることが大切です）。

そのおかげで姉弟間で共通の話題がたくさんあるため、大人になっても3人揃えば賑やかに絵本の話やらこどものころの楽しかったことなど語り合う姿がいつでも見られます。

このように、私は我が子とたくさんの絵本を楽しんできました。

さらに自宅で家庭文庫を主宰していましたので、我が家に来るたくさんのこどもたちとも、絵本やお話を一緒に楽しむ時間を30年も過ごしてきたのです。

まだ「読み聞かせ」という言葉がない頃でしたが、私は「読み語り」と言って、幼稚園や学校にも定期的に出かけ、お話を語り、絵本を読んできました。

今、私が確信を持って子育てをお伝えできるのは、30年間、日々の文庫活動やこどもたちの遊びを見守るプレーパークで、こどもの成長には何が大切かということを、直接こどもたちの成長する姿から学んできたからなのです。

そして、お悩み解決のこの1章を絵本のお話に終始したのは、「まあるい声」を最大限に活用して子育てのお悩みを解決してきたのが「愛情タイム」である「絵本タイム」にほかならないからなのです。

第6章

マザーボイスで子育ての悩みがすべて解消したお母さんたち

この章では、この4年の間に、子育てのお悩みを解決して毎日の暮らしが楽しくなった方の事例を紹介しましょう。

◎ 松村典子さん：静岡県在住（主婦）

静岡県在住の主婦　松村典子さんは、3歳の娘さんの激しい反抗にほとほと疲れ果てていました。

この子のためにより良い子育てをしようと、がんばっても頑張っても、ちょっとしたことで泣き喚《わめ》いたり、抵抗したりするのを止めることが難しく、脅したりすかしたりしながら、時には怒鳴りつけたり冷たく突き放したり工夫して、日々の子育てに奮闘していました。けれども、一向に娘さんの反抗は収まらず、とうとう名前を呼んでも返事すらしなくなってしまったのです。

「もう自分には子育てなんかとてもできないのではないか」と自信を失い、どうしたらいいのかさっぱりわからなくなるほどに混乱して、子育ての本を必死で読んでも、子育て講座を聞きに行っても、ネットで子育てのことを検索しても、そのときはちょっと改善するけれど、また同じことの繰り返し。

「なんで書いてあるとおりにならないの？」「なんで書いてあるとおりにできないの？」と、どこにも子育てを救ってくれる答えを見出せず、救いがたい状態に陥っていたところでマザーボイスに出合い、私の個別相談に申し込まれました。

「子育てに声？　でも、声で子育てが良くなるのなら相談してみよう」と、藁にもすがる思いで私のところにいらっしゃったのでした。

個別相談でじっくりお話を伺い、お伝えしたこと。それは、一言で言うと、「お子さんの気持ちになってみてご覧なさい」ということでした。

そうです。「いいお母さんにならなくちゃ」「今こんなふうにしたら人はどう思うかな？」などなど、彼女は自分のことばかり考えてこどものことが見えていなかったのです。ですから、私は反抗しているときの娘さんの気持ちを代弁してお伝えしました。

すると、彼女はすぐに気づいてくれました。

「かわいそうなことをしていた、なんにもわかってあげていなかった」と涙をこぼしたのです。

すぐにマザーボイスの講座に参加されて、お子さんに届かなくなってしまった声を変えようと決意なさいました。

もともと一生懸命で真面目な方なのです（私のところにいらっしゃるお母さんは真面目な方がほとんどです）。

松村さんは真剣に講座を受けられ、家でもやってみてね、とお伝えしたことはきちんとやっているようでした。そして、1回目の講座を受けられてから間もなく、「まぁるい声を意識してこどもの名前を呼んだら、返事をしてこちらをみてくれました！　鳥肌が立ちました!!」と大喜びの連絡が来たのです。

そして、それからまた数日後。彼女は私が主催する、未就学児とお母さんが絵本やわらべうた、木の玩具で遊んだりする、お寺を会場にお借りしての定期イベント「こども広場」に参加され、そこでも衝撃的な場面に出合います。

「さぁ、絵本タイム始まるよ〜！」

と私が掛け声をかけると、わらわらとお母さんとこどもたちが集まってきます。けれども、彼女の娘さんは、最初は知らんぷり。松村さん自身も、

「この子は絵本が嫌いで、私が読んであげようとしても、少しも落ち着いて聞いていないから、来ないんだろうな」。そんなふうに思って座っていたようです。

ところが……。「かん、かん、かん……」と私が声を上げ、読み始めた途端、彼女の娘さんが引き寄せられるように絵本の前にシャンと座り、他のこども達と一緒に夢中になって最後まで聞き入っているではありませんか。

松村さんはびっくりしました。

「この子、絵本が嫌いじゃなかったの？」

「どうして？　田所先生の読み方？　声？」

実は、1歳から3歳くらいまでのこどもを惹きつける声の出し方、読み方というものがあるのですが、私はそれを実践していたのです。

その後、松村さんは講座で、なぜ娘を絵本嫌いにしてしまっていたかを学びました。

今では、毎日娘さんとともに心ゆくまで絵本を楽しんでいるようです。

さて、彼女は、マザーボイス子育てメソッドを一通り学んで、子育てが落ち着き、娘さんといい関係になってきたところで、もう少し学びたい気持ちと同時に、自分のように子育てに混乱してしまったお母さんの力になりたい、という気持ちが湧いてきました。そこで、私のお誘いに応えて、インストラクターになることを決意しました。

すると不思議なことに、すぐに妊娠が発覚しました。

「兄弟を作ってあげたいけれど、とても2人を育てる自信なんかない」と思っていたのが「今なら大丈夫かも」に気持ちが変わっていたタイミングでした。

それから1年、お腹の赤ちゃんにもマザーボイスのまぁるい声を届けながら、産まれてくるまで半年以上入院という大変なお産を家族の協力とマザーボイスの支えで乗り越え、無事に男の子が誕生したのです。

そして息子さんが1歳になった今、改めてマザーボイスの力について松村さんは驚きをもってこう言います。

「私が変わったことで、娘も変わりました。子育てに自信がなく、怒ってばかりだった日が嘘のようです。今では毎日、笑顔で娘と息子と楽しく過ごし、インストラクターとして過去の自分のように困っているママたちにマザーボイスをお伝えしていま す。まぁるい声でわらべうたを歌い、マザーボイス子育てメソッドを一つひとつ実践 して、丁寧にこどもの発達成長を見守る子育てをしてきましたが、明らかに同じ年齢 のときのお姉ちゃんとは違う息子の成長した姿が見られます。

穏やかで、黙って夢中になって一人遊びができる。

お腹が空いたとき、眠いとき以外はぐずることもまったくない。

いつもニコニコしていて人見知りもしない。

穏やかなのに、尻込みすることなく自らどんどん冒険に出かけていく。

などなど、信じられないほど子育てが楽で、心からこどもたちが可愛くて、毎日が とても楽しいです。

さらに、お姉ちゃんの赤ちゃん返りや、自分の方を見てほしいというさまざまな要 求にもキチンと応えてきたので、姉弟の仲もとてもいいです」

そして最後に、松村さんはこう言ってくれました。

「マザーボイスは、お腹に赤ちゃんができたらすぐに学んで実践されると本当に子育てが楽で楽しくなります。こどもが成長していくのに何が大切かをしっかり学ぶので、毎日まぁるい声をこどもに届けていれば、あとは、どんなときもどう対応したらいいのかすぐに考えられます。赤ちゃんがお腹にいるときに学べたら、本当にすぐに実践でき、結果が見えるので子育てに困ることがありません。さらにマザーボイスアカデミーの仲間や先生がサポートしてくれるので、こんなに心強いことはありません。妊婦さんにこそ、お伝えしたいです」

◎みやちりえこさん：広島県在住（主婦）

広島県在住の主婦みやちりえこさんは、現在10歳、7歳、3歳の3人の娘さんを育てています。

保育士だったというのに、自分の子育てが思い通りに進まないことに疲れ、イライラをこどもにぶつけては後悔するという負のループに陥っていました。

特に次女の言うこと・することにイライラしてばかりでした。ですが、講座を受け、マザーボイスを身に付けたことで自分の声への意識が変わり、こどもへの視点が変わったと言います。

現在ではインストラクターとなり、絵本講座講師の資格も取り、広島で絵本講座を開講しています。

「お母さんの声に、こどもの潜在意識にダイレクトに届く力があると聞いて、初めて自分の声に意識を向けました。講座で理論を学び、声のレッスンをすることで、どんどんイライラが減り、こどもの行動も面白いと思えるようになりました。次女のイライラする行動が、本当はとてもユニークで素敵なのだと捉えることができるようになり、そうなるとこどももどんどんのびのびと素敵な表現をするようになって、毎日何かしら面白いことを発信してくれ、こどもとの日々の暮らしが本当に楽しくなっていきました。

マザーボイスの声のレッスンの中でも、一番効果を感じたのは絵本タイムです。私の読む声が変わったことで、絵本を楽しむこどもの態度がみるみる変わりました。そこで、絵本の世界を心から共有できるようになり、こどもたちとの絆も深まったようです。

マザーボイスに出合えて本当に良かったです。声の力は、絵本好きのお母さんには、特に知ってもらいたいです」

◎ 樋口由唯さん：新潟県在住（主婦）

新潟県在住の主婦、樋口由唯さんは小学校2年生のお姉ちゃんと、年少の男の子を育てていましたが、体調を崩して長く入院していました。

現在は退院したものの、入院中の弊害は大きく、思うように子育てができなくて苦しんでいる最中にマザーボイスと出合いました。

「私はずっとワンオペ育児で頑張ってきましたが、入院してからこどもたちに寂しい思いをさせ心配させてしまいました。

ずっと田所先生のメルマガを読んでいましたし、個別相談で相談した先生の確信に満ちたお話に、マザーボイスの講座を受講すれば、悩みはすべて解決すると確信しましたので、子育てメソッドマスター講座を受け、現在は子育ての悩みはすっかり解決しました。

以前は、もう自分のこどもには子育てのいろいろなことが間に合わないと思っていましたが、講座でまだまだ間に合うと聞いて本当に安心しました。

田所先生から『絶対に大丈夫!!』と言っていただけたのが何より嬉しかったですし、どんどん自信もついていきました。また、皆さまの前で朗読するという経験ができたことも、苦手なことが克服できそう!!と今では前向きな気持ちでいられます。こういう経験が、大きな自信に繋がり、こどもにも良い意味で伝染しているのでしょうね。

自己紹介もこどもの頃から苦手だったのですが、講座で毎回経験を重ねるうちに、前ほど苦しい程に緊張しなくなりました。こういった経験をさせていただけることにも感謝しています!!」

「読み語りについては、マザーボイスを受講し始めてから毎日、練習するようにして寝る前の絵本読みをしていたので、前よりは上達していると自覚していたのですが……先生から学ぶと、こんなにも即座に変わるのか!!　と驚愕しました。録音した自分の声を聞いても『これが自分の声なのー!?』と驚いてしまいます。自分の可能性も、幅広くなったような気がして、嬉しい気持ちに満たされています」

「そして本読みと言えば、小学2年生の娘にも、驚く変化がありました！　毎日の宿題で〝音読〟があるのですが、明らかに以前の読み方とは異なっているのです！　以前はただ大きな声で、元気よくはっきりと読む、という読み方でしたが（そういえば私がこういう絵本の読み方をしていました）、今は、感情を込めて強弱をつけて音読するようになったのです！」

「聞いてる私が気持ち良く、うっとりしてしまう程で（親バカすみません!!笑）　本当に驚いて、感動してしまいました!!　親（私）の読み方が変わると、本当にこどもの読み方までもが変わるのですね!!　本当に本当に嬉しい変化でした！」

「自分だけでなく、こどもにもこんなにはっきりと変化がわかるなんて……。受講を始めてから3カ月ほどですが、本当にマザーボイスの受講を決めて良かった！と心から思います」

彼女はその後、インストラクターとして活動していくために学びを深めています。

◎平林裕貴子さん：東京都在住（主婦）

平林さんのお子さんは9歳の男の子と6歳の女の子。

下の女の子が生まれてしばらくしてから、長男と色々とトラブルが起こるようになり、悩み始めたそうです。

例えば、それまでは一度もなかったのに、お母さんの言うことを聞かなくなる。平林さんへの独占欲が強くなり、下の子の世話で忙しいお母さんを独占できないことでイライラしたり。

妹に対しても最初は優しかったのに、自分の大事なプラレールのおもちゃを壊されたり、自分のエリアを侵されるのが嫌だったのか、「なんだこいつ？」という感じで、だんだん仲が悪くなっていったようでした。

生まれたばかりの下の子は、どうしても手がかかります。平林さんは長男にも寂しい思いをさせてはいけないと気を使っていたのですが、それでもうまくいかず、やがて悩むようになっていきました。2年ほど悩んでいたそうです。

そんなとき、私のメルマガ登録をした平林さん。最初は読むだけでしたが、子育てのことや絵本のこと、いろいろな内容を読むうちに興味が湧いてきて、さらにマザーボイスや「まぁるい声」に強い興味を抱いたそうです。

そして、私の個別相談を受けられました。

平林さんの話を聞いた私は、絵本の読み語りで「一人ひとりに愛情を伝えることが大事。それが愛情タイム」ということをお伝えしました。

平林さんはそれまで、下の子の世話が忙しく、下の子には絵本を読んであげていましたが、9歳の長男くんには読んであげていなかったのです。

実践してみた結果、9歳の長男くんが落ち着き、それまで何を言っても反抗期のように言うことを聞かなかったのが、少しずつ改善されていったようでした。

「講座を受けて、自分自身も気持ちが落ち着きました。まだ講座は進行途中ですが、まぁるい声を意識しているだけで、ふいに出てしまう自分のストレートな声や言葉が『嫌だな』と感じるようになりました。

例えば、こどもを注意するときに『それ、やめて！』ときつく言ってしまうのですが、今まで平気でそんなことを言っていたことに気づきました。自分の言葉の発し方が、これまでのストレートなものとまぁるい声とでは全然違うことに気づいたんです」

「まぁるい声を意識するだけで、こどもとの関係が良くなってきています。特に長男は、甘えん坊な部分が出てきているところもありますが、やる気にみなぎっているというか。

絵を描くことが好きなんですが、大好きな恐竜の絵を集中して描いていたり、学校でコンサートを聞いて、『自分もバイオリンを始めたい』と言うようになったり、テレビでたまたま見たBMX（自転車）を『やってみたい』と言い出すようになりました。

今までは『何かをやりたい』という子ではなかったのですが、自分の意思を出すようになったのが大きな変化です」

そして、マザーボイスのインストラクター講座を受講するうちに、ますますの進化。本気でバイオリンを習いたいと言い出し、良き先生との出会いもあり、嬉々としてお稽古に励んでいるようなのです。

「妹は、もともとそんなに大きな悩みがあったわけではありませんが、意識してまぁるい声で絵本を読んであげると、本当に嬉しそうな顔をするようになったと思います。

これから講座を受けていくことで、さらに変化があると思うと楽しみです」

◎A・Kさん：静岡県在住（ワーキングマザー）

A・Kさんのお子さんは3年生の女の子が一人。

学校の先生をしていらっしゃるので、講座を受けるにあたっては先生としての声についての興味が大きかったようですが、個別相談会でのお悩み相談は、ご近所とのトラブルがこどもに悪い影響を与えるのではないかと心配されてのことでした。とにかくこどもについて、心配ごとや不安がたくさんあるようでした。

当然ながらたった一人の娘さんを大切に思ってのことではありますが、真面目な方にありがちな「~しなければならない」や、「ちゃんとしてほしい」が強く、笑顔よりも額にシワ寄せてこどもの悪いところを一生懸命直そうとしていらっしゃるようでした。

真面目が悪いわけではないのですが、子育ては真面目すぎると「~しなければならない」と人をも自分をも縛るようなことになり、暮らしも、生きていることさえもしんどくなってしまいます。

それでも素直に私を信頼してくださり、講座を受けて「子育てメソッド」を真剣に学ばれました。学び始めてすぐに、こどもではなく、自分が変わらなければならないことに気づかれました。

「こどもが夏休みに入り、怒ってばかりの私です。

たいてい以下の2点が気になってしかたないのです。
・日常生活の当たり前にしなければならないことが後回しになり居住空間が乱雑
・自分で考えることをしない（わかりそうなことでも、すぐに聞いてくる）
休みに入ってからこれらのことがすごく目に付くのです」

と報告くださったのが、次の講座のあとでは、

「昨日の講座を聞いて、変わらなければ！　と言動に気を付けています。

こどもへの夫の対応のまずさにがっかりもしていますが、ねばり強く良い方向へと行くようにさまざまな試みをしたいと思っています。ガミガミ言うことは一切やめましたし、呼吸法のおかげでかなりのピンチもなんとかやり過ごしています。

今日もさまざまなアクシデントがありましたが気持ちをしっかり持っていることができました。教えていただいたことを実践しています」

と、それこそ本当に真面目に実践しては、報告をしてくれましたので、どんどんお子さんとの関係は良くなり、子育ての真面目すぎる考え方に柔軟性が出て、講座を受けるごとに、かなり楽に過ごせるようになってきたようでした。

声も苦しそうだったのがスムーズに出せるようになり、

「先日お年寄りの体操教室で、〝先生、いい声だねぇ〟と言われとてもうれしかったです。その日は会場が広かったので特に気を付けていました。

それに、以前から参加していた人で歌が大好きな厳しいおばあさんなので、たぶんお世辞ではないと思います。大いに気を良くした私でした」

などの楽しい感想も届き、最後には、

「学校の卒業式が今週末でバタバタしています。でも学生を世の中に送り出せるのは大変な喜びです。講座を受ける前には、声が伝わりにくい、無理をすると声が全然出なくなるひどい風邪をひいてしまうことが度々ありましたが、声に関してはかなりの改善があり、この冬、声が出なくなる風邪をひきませんでした。長時間しゃべっても、疲労度が以前ほどではなくなりました」

「子育てに関しては、漠然といろいろな心配がありました。改善途上ですが、安心感を持って過ごせるようになってきました。漠然とした不安から根拠のない自信へと変換中です。講座を修了して、ずいぶん多くのことを得たなぁ、というのが一番の感想です。知らずにいたことがたくさんありました。どうもありがとうございました。次には語りの講座を受けるつもりです」

Ａ・Ｋさんは、語りの講座も受け、講師としてもワクワクしながら、楽しく講義を行えるようになり、どんどん進化しているようなのです。

私の主宰するＮＰＯのイベントにも親子で参加されるので、その後の様子もずっと伺うことができ、講座を受けておしまいではない関係が築かれています。

◎「声」は子育ての羅針盤

最後までお読みいただきありがとうございました。

ここまでで、マザーボイス子育てメソッドとして体系立てた子育ての羅針盤をお渡ししてきました。

今の時代、子育ての羅針盤は本当にたくさん出回っています。どの羅針盤を手にするのか、真に正しく楽しい羅針盤はどれなのか、選び取るのはなかなか大変ですが、あなたはこの本を手にとってくださいました。そして、最後までお読みいただきました。この出会いに感謝いたします。


私は「声」に注目して子育ての羅針盤を作ってきました。

自分の声が嫌い、なんだか声が思うように出ていない、怒鳴ってばかりでつらい、など、声になにか気になることがある方であれば、あるいは、声というものにこの本で初めて気づき、その力を試してみたくなってくださったなら、私がこの本で手渡そうとした羅針盤があなたの子育ての水先案内人になってくれると確信しています。

お母さんの声の力を子育てに活かしてほしい。

声の力を知ってしまった者として、声の力を実際に体感してきた者として、その思いをそのままにお伝えしたくて書き進めてまいりました。

「よし、この羅針盤をもとに声の力を使ってみよう！」

そう思っていただけましたら、この本を書いた甲斐があったというものです。


これまでに、子育ての本はたくさん読んだから頭ではわかっているのにうまくいかない、という方に本当にたくさん会ってきました。

そんな方々がマザーボイスアカデミーで、こどもを見る視点を変え、声のレッスンをすることで、お母さんとしての自信を取り戻していかれました。

こどもとの関係が「悩み」ではなく「楽しいもの」に変わっていったのです。これは本当に嬉しいことでした。

お母さんのことが大好きなこどもが、ずっとお母さん大好きのまま、「お母さんのようになりたい」と言って母への憧れを大きく膨らませて母を乗り越えて育っていってくれたら、母もこどもも最高に幸せではないでしょうか。

そんな幸せな親子がどんどん増えていったら、かなり息苦しくなってしまったこの国のこどもが育つ環境も少しは緩やかに変わっていくのではないかと思います。

少なくとも、今よりいじめはなくなります。心が満たされた子は、いじめられたりいじめたりしませんから。たとえいじめに巻き込まれたとしても、必ずいい塩梅に乗り越えます。昨今騒がれている夏休み明けのこどもの自殺もぐっと減るでしょう。

私がお母さんに子育てをお教えしようと思った最初のきっかけの一つが、この夏休み明けのこどもの自殺でした。

今から5年ほど前、こどもの自殺の統計に表れていた数字を見て、心底驚いたのです。「お母さんがこどもの自殺のストッパーになっていない!!」ということに。

私は前述したとおり、母の愛、母の声に救われています。ですから、愛は声に出さなくても伝わると思っているお母さんや、愛を伝えるのが下手なお母さんが多いということが見えてきたとき、本当に驚いたのです。本文でもお伝えしましたが、「愛は、伝えなくては絶対に伝わりません」。

しつこいようですが、こう言われたから「愛しているよ」と言って無理やり抱きしめたり「とにかく毎日愛していると言う」など無理して不自然に愛を伝えようとしたり、不自然にがんばっているお母さんがたくさんいることにも気づきました。

そんなふうに伝えたら、こどもはお母さんを嘘つきだと思ってしまいますね。

こどもは、不自然なことにはとても敏感です。そんなこどもたちに、日々の暮らしの中でごく自然に愛を伝えるにはどうしたらいいのかを考えているうちに、自然の流れのように声の力に気づきました。

ごく自然にあったかいまぁるい声さえ使えたら、無理することはありません。日々の暮らしの中で普通に使う声が、こどもに愛を伝え続けてくれるのです。


さて、お母さんの声と子育ての真髄とでも言うべきことを、確信持ってここまでお伝えしてきましたが、私自身はここまで体系立てた子育てをしてきたわけではありません。私が子育てをしているときは、ここまではっきり声の力がわかっていたわけではないのです。それでも、

「じゃあ、あなたはどんな子育てをしてきたの？」と聞かれたら、自信を持って「私自身も、声の力でたくさんのサプライズをいただく素敵な子育てができたのですよ」

と答えます。

そして、そのエピソードをいくつも語るのですが、ここでは簡単にお伝えするにとどめます。

まず、私は絵本とお話を語ることを日常の中心に据え、さらに「こどもは遊んで育つ」ということを大事にして日々暮らしてきましたので、こどもたちにひたすら自分の考えていることや思いを、お話や絵本を通して声で伝えてきました。本気の思いを暑苦しく語ってきたのです。こどもたちの思春期には、鬱陶しかったと思います。それでも、母の願いや思いはしっかり届いていたようで、3人とも願いどおりの大人に育ってくれました。

長女は私の声が大好きで、保育士となった今でも絵本を読むときは、聞こえてくる私の声を聞きつつ読んでいると言います。

それほどまでに母の声はこどもの心に残るのです。

勉強やお稽古ごとなど、何かをさせようとしたことはありませんでした。

それよりも思い切り遊ぶこと、心ゆくまで遊び切ることのほうが数倍大事だと思ってきましたので、仲間と一緒に思い切り遊べる環境を作ってやりたくてプレーパークを運営してきたのです。

私が我が子を育てるのに子育てとしてやってきたことは、お母さんの声やあり方も含めて、「こどもが育つのにより良い環境を作り続けてきた」ということに尽きるかと思います。

マザーボイス子育てメソッドは、たくさんのお母さんたちの子育てのお悩み解決のために体系立てましたが、声が中心になっているため、文章にするとその真髄が伝わりづらいことも多々あります。私自身の子育ての経験が活かされている部分は、ストーリーテラーである私が声に出して語ることでお伝えしてきました。ですから、この本では書ききれなかったことなど、一度私の声で語るお話を聞きに来てくださると、また違った気づきが得られるのではないかと思います。

この本は、マザーボイスアカデミー協会のインストラクター他、私に関わってくださった沢山の子育て中のお母さんのおかげで書き上げることができました。心から感謝いたします。

最後に、ヒステリックな声とあったかい声、矛盾する2つの声で愛を伝え続けてくれた亡き母に、心から「お母さん、ありがとう」と伝えたいと思います。

そして、そんな母を最後まで支えてくれた父に感謝します。

あとがき

様々な経緯があり、この本は、出版が決まり原稿を書き始めてから完成までにほぼ1年が経過してしまいました。

完成直前には世界中が感染症のため移動できない状態を余儀なくされ、日本でも前代未聞の外出自粛要請が出される中でこの文章を書いています。

今は、ちょうど時代の歴史的転換期にあることが肌で感じられます。この後どんな社会になっていくのか、どんな価値観が大切にされるようになるのか。なかなか読みきれませんが、これまでの常識や当たり前が意味をなさなくなり、不安定な社会状況のままになることは間違いないように思います。

こども達は学ぶ権利も遊ぶ権利も奪われてしまっています。こんなに簡単にこども達の権利が奪われてしまうのだと、命に関わることだとはいえ、もう少し良い手立ては考えられなかったのだろうかと、こどもに関わる大人としてひどく悔しい気持ちにさせられます。

こんな状況下でも、心配や不安に押しつぶされることなく〝楽しいこと〟を見つけて、〝嬉しい気持ち〟を生み出し、〝面白いこと〟を考え出すことができたなら、身も心も健全にたくましく成長していくのだろうと思います。そのためにも、お母さんの声が日々、朗らかであったかいものであることが求められます。

そのことを痛感したのは、マザーボイスアカデミーの通常の講座をオンラインで開催したときのことです。

参加者の一人ひとりが、それぞれ一冊ずつ絵本を用意して読み語る時間があるのですが、全員の読み語る声を聞いて、私は、鳥肌が立つほどに感動を覚えたのです。一人ひとりのあったかいまぁるい声が、パソコンの中から響いてきて、おなじみの絵本たちの物語が、なんとも優しい温かい気持ちに包まれて私の心に届きました。この時の参加者は8人。声のレッスンをして、まぁるい声を手に入れている人たちばかりでした。

この後思わず、「読み語りの会を開きましょう」と提案してしまったほどです。

たくさんのこどもたちに、このあったかいお母さんたちの「まぁるい声」を聞かせてあげたいと思ったのです。

このお母さんたちのこどもは、毎日あったかい「まぁるい声」で絵本を読んでもらっているのですね。間違いなく心優しい賢い子に育つだろうと確信します。

そこで、

世界中のお母さんがあったかい「まぁるい声」で毎日、我が子に絵本を読み語ってあげたなら、世界中のこどもたちが幸せに育ち、世界は平和で温かい愛に満たされた世の中になるだろうに！

と、妄想したところで筆を置こうと思います。

どうぞこの本を読んでくださったあなたが、あったかい「まぁるい声」を手に入れて、世の中がどんなに変化しても、こどもたちの心に愛を届け続けてくださいますように。

天城山からの5月の風薫るさわやかな日に。

田所雅子

田所雅子　MASAKO TADOKORO

秋田県生まれ東京育ち、静岡県伊豆市在住。青山学院大学文学部卒業。こども3人（長女、次女、長男）孫2人（兄弟）。NPO法人伊豆こどもミュージアム理事長。一般社団法人マザーボイスアカデミー協会代表理事。ストーリーテラー

我が子を自然の豊かな地で育てたいと、末っ子の長男誕生と同時に狩野川の渓流に惹かれて伊豆に移住。以来29年、緑美しい山に囲まれた伊豆で暮らす。こどもが思いきり遊べる環境を作るべく地域にプレーパーク（禁止事項をなくして自由に遊べる冒険遊び場）を作り運営する。並行して、自宅を家庭文庫として開放。約4,000冊の絵本を貸し、ストーリーテラーとしてこどもたちに昔話を語り続ける。また、長年の夢だった遊びと学びが一体になった「こどもミュージアム」を作ると決め、これまでの活動をまとめ「NPO法人伊豆こどもミュージアム」を設立。天城遊々の森での活動を開始。こどもと関わる中で、お母さんの声の力に気づく。そこで「子育てメソッド」を確立。「一般社団法人マザーボイスアカデミー協会」を設立し、子育てに悩むお母さんに、声のレッスンをしてこどもの可能性をどこまでも伸ばす、子育て上手な母になる講座を提供。現在はインストラクターを育成中。

メルマガ登録で
絵本リストが
もらえます！

こどもをはぐくむ まぁるい声《こえ》
マザーボイス

2020年6月19日　初版第1刷

著　者　田所雅子
発行人　松崎義行
発　行　みらいパブリッシング
〒166-0003 東京都杉並区高円寺南4-26-12 福丸ビル6F
TEL 03-5913-8611　FAX 03-5913-8011
HP https://miraipub.jp　MAIL info@miraipub.jp
編　集　古川奈央
イラスト　ありす智子
ブックデザイン　洪十六
発　売　星雲社（共同出版社・流通責任出版社）
〒112-0005 東京都文京区水道1-3-30
TEL 03-3868-3275　FAX 03-3868-6588
印刷・製本　株式会社上野印刷所

ISBN 978-4-434-27592-0 C0037